“推进国家治理体系和治理能力现代化丛书”编委会名单

中国国家治理体系现代化总论

许耀桐 ◎ 著

国家行政学院出版社

图书在版编目（CIP）数据

中国国家治理体系现代化总论 / 许耀桐著．—北京：国家行政学院出版社，2016.7

ISBN 978-7-5150-1830-0

Ⅰ．①中… Ⅱ．①许… Ⅲ．①国家—行政管理—现代化管理—研究—中国 Ⅳ．①D630.1

中国版本图书馆 CIP 数据核字（2016）第 168506 号

书　　名 中国国家治理体系现代化总论

著　　者 许耀桐

责任编辑 王　娜

出版发行 国家行政学院出版社

（北京市海淀区长春桥路 6 号　100089）

电　　话 （010）68920640　68929037

编 辑 部 （010）68928873

经　　销 新华书店

印　　刷 北京久佳印刷有限责任公司

版　　次 2016 年 7 月北京第 1 版

印　　次 2016 年 7 月北京第 1 次印刷

开　　本 787 毫米 ×1092 毫米　1/16

印　　张 14

字　　数 206 千字

书　　号 ISBN　978-7-5150-1830-0

定　　价 36.00 元

序

推进国家治理体系和治理能力现代化，是中国共产党在 2013 年召开的十八届三中全会通过的《中共中央关于全面深化改革若干重大问题的决定》中提出来的一个战略目标和任务，也是一个全新的理论命题。这一理论命题的提出，奠定了国家治理在人类社会发展中的历史地位，体现了国家治理现代化的鲜明特点，它是中国共产党认识现代化的最新成果，体现了中国共产党作为执政党所具有的高度使命感、责任感。推进国家治理体系和治理能力现代化是中国共产党为国家、社会和人民展示的一幅雄伟迤逦图景，也是中国共产党为国家、社会和人民做出的一份庄严郑重承诺。

国家治理体系现代化，现在已然成为宏大的研究课题。在进行理论研究之前，作为本书开篇，有必要对以下问题先行作出阐释。

——如何理解国家治理体系现代化的作用。提出国家治理体系现代化，是实现当代中国发展目标的必然要求。2012 年 11 月 29 日，党的十八大刚刚闭幕不久，甫一上任的习近平总书记就率中央政治局常委和中央书记处的同志来到国家博物馆，参观《复兴之路》展览。习近平深情地指出 :“每个人都有理想和追求，都有自己的梦想。现在，大家都在讨论中国梦，我以为，实现中华民族伟大复兴，就是中华民族近代以来最伟大的梦想。这个梦想，凝聚了几代中国人的夙愿，体现了中华民族和中国人民的整体利益，是每一个中华儿女的共同期盼。”[1] 此后习近平在十二届全国人大一次会议闭幕会上，

---

[1] 《习近平谈治国理政》，外文出版社 2014 年版，第 36 页。

在同全国劳动模范代表、各界优秀青年代表座谈时，在出访和接受国外媒体采访等很多重要场合，都对中国梦进行了深刻阐述。习近平关于实现中华民族伟大复兴的中国梦一经提出，就产生了强大的号召力和感染力。老百姓热议中国梦，社会舆论聚焦中国梦，海外华人述说中国梦，国际社会关注中国梦，中国梦成为激励中华儿女团结奋进、开辟未来的一面精神旗帜。然而，实现中华民族的伟大复兴，绝非一句简单的口号，它是一项光荣而艰巨的事业，需要每一个人付出艰苦努力，用实干托起中国梦。它更需要的是，中国共产党承担起领导的职责，肩负起治国理政的重任，发挥国家治理的强有力作用。

习近平在参观《复兴之路》展览时强调指出，经过鸦片战争以来 170 多年的持续奋斗，中华民族伟大复兴展现出光明的前景。现在，比起历史上的任何时期，中国都更加接近中华民族伟大复兴的目标；比起历史上的任何时期，中国人民也都更有信心、有能力实现这个目标。但是，迈向中华民族伟大复兴的道路并不平坦，加快产业转型、推动科技创新、遏制环境污染、消灭贫困、反腐倡廉等都成为制约实现中华民族伟大复兴中国梦的棘手问题。解决这些棘手问题，需要有一个全局性和战略性的抓手，而决定着实现这个全局性和战略性的抓手，就是推进国家治理体系现代化。

可以说，实现中华民族伟大复兴的中国梦和推进国家治理体系现代化，从前后的时间节点上看，是如此紧密地联结在一起。恐怕没有确立中华民族伟大复兴的中国梦，大概也无需什么推进国家治理体系现代化；而只有通过推进国家治理体系现代化，才有助于中华民族的伟大复兴。正因为这样，在把握国家治理体系现代化的深意时，不能不注意到它与中国梦之间的因果内在关系、目的和手段的关系。

美国哈佛大学东亚研究中心创始人、著名历史学家费正清在《观察中国》一书中说：“帝国主义的侵略使中国人民蒙受了耻辱，正是这种耻辱唤起了中国的民族主义并激发了二十世纪的中国革命。”[1] 当然，民族主义情感是一回

[1] ［美］费正清：《观察中国》，四川人民出版社 1992 年版，第 13 页。

事，真刀真枪的革命又是一回事，革命除了需要民族主义的情感和勇气外，还得靠有打胜仗的智慧和本领。同样，在革命已经远去的今天，虽然民族主义的热情依旧保持下来了，但是实现民族振兴的国内外环境，却丝毫没有松懈提高国家机构的领导和履职能力的努力，反而提出了更高的要求。唯有推进国家治理体系现代化，才能找到打开中华民族伟大复兴的中国梦这扇大门的钥匙，成为推动当代中国现代化进程，实现中华民族伟大复兴中国梦的最有力保障。

——如何认识国家治理体系现代化的影响。中国共产党致力于推进国家治理体系现代化，为国家与社会的发展开辟了一条崭新的道路，这是对人类社会发展规律、社会主义建设规律和共产党执政规律的深刻探索和追寻，它必将在人类发展的历史上、社会主义发展的历史上和党的发展历史上留下深远的影响。

习近平明确指出，社会主义代表着人类进步的趋势和发展的方向，社会主义思想从提出到现在的历史进程，先后经历了“空想社会主义产生和发展，马克思、恩格斯创立科学社会主义理论体系，列宁领导十月革命胜利并实践社会主义，苏联模式逐步形成，新中国成立后我们党对社会主义的探索和实践，我们党作出进行改革开放的历史性决策、开创和发展中国特色社会主义”[1]。在如此波澜壮阔的六大发展阶段中，始终贯穿着怎样创建和治理一个全新的社会主义国家与社会的重大问题。

纵观500年来社会主义发展的历史，可以看到在创建了全新的社会主义国家与社会之后，怎样治理好这样的国家与社会是一个在实践中尚未解决的重大课题。这是因为，马克思、恩格斯有许多关于未来社会的科学预测，但是他们并没有经历社会主义建设的实践，更没有遇到后来的社会主义国家所面临的大范围、全局性、长时期的矛盾和问题。后来的列宁虽然缔造了第一

[1] 《习近平在新进中央委员会的委员、候补委员学习贯彻党的十八大精神研讨班开班式上发表重要讲话》，《人民日报》2013年1月6日。

个社会主义国家，有了七年领导社会主义建设实践的经验，在其生前也看到了社会主义实践中产生的问题超出了马克思主义创始人的预计，而且在初步探索苏维埃国家治理方面创造性地提出了一些政策措施，但是列宁毕竟过早辞世，还没有来得及深入探索、认真总结，寻找出有效的方略。作为列宁继任者的斯大林，由于急于快速发展社会主义，采用过度集中的方式来推进社会主义建设和发展，如在所有制上实行单一的生产资料公有制；在经济体制上实行自上而下的指令性计划经济；在发展战略上以重工业为重点追求外延式的粗放增长；在解决社会矛盾问题上沿用阶级斗争的手段，忽视社会主义民主法治；在政治上过分集权，党政不分，缺乏监督，导致个人独断专行，官僚主义盛行，也不可能解决社会主义国家治理的问题。斯大林形成的苏联模式的这些做法，给社会主义造成不良的影响，带来严重的后果。今天，当我们分析苏联失败的教训时，应该清晰地认识到，正是由于没有很好地解决有效的国家治理体系现代化的问题，并且在这个问题上犯了严重错误，才导致了苏联的政权垮台、制度破灭、国家覆亡。

中国共产党在全国执政后，也遇到了如何治理社会主义国家与社会的问题。在没有现成经验的情况下，一度照搬了苏联模式，但很快发现不适合中国国情。1956 年，毛泽东针对照搬照抄苏联模式产生的弊端，明确提出要以苏为鉴，努力探索社会主义建设新路。毛泽东发表的《论十大关系》《关于正确处理人民内部矛盾的问题》，标志着中国共产党开始了对适合中国情况的社会主义建设的艰辛探索，并有了一个良好的开端，取得了一系列重要的思想成果。但是，在探索中由于党的指导思想上受“左”的影响，犯了“大跃进”“人民公社化”的错误，甚至发生了“文化大革命”这样全局性、长时间的错误。从总体上看，中国在改革开放前，在国家治理体系现代化这个问题上，也没有找到一种能够符合中国实际的治理模式。

改革开放以来，中国共产党开始以全新的视角思考国家治理问题。经过 30 多年的改革开放和现代化建设，积累了一定的经验。进入新世纪后，随着社会主义市场经济的发展，社会结构、价值取向和社会矛盾的复杂多样，需要在进一步的发展和改革中创新治理国家和社会的新的体制机制，以有效地治理国家。为此，2002 年召开的党的十六大形成了“党领导人民治理国家”的认识，正式确立了治理的理念。2007 年，党的十七大报告提出：“要坚持党总揽全局、协调各方的领导核心作用，提高党科学执政、民主执政、依法执政水平，保证党领导人民有效治理国家。”到了 2012 年，党的十八大报告更多处采用“治理”的概念，并且在治理国家的意义上进一步提出：“坚持依法治国这个党领导人民治理国家的基本方略”“要更加注重改进党的领导方式和执政方式，保证党领导人民有效治理国家”“更加注重发挥法治在国家治理和社会管理中的重要作用”等。直至 2013 年召开党的十八届三中全会，以习近平为总书记的党中央提出了“完善和发展中国特色社会主义制度，推进国家治理体系和治理能力现代化”。

现代化，是中国共产党自 20 世纪中叶以来在 70 多年时间里不断探索、认识和追求的目标。追溯中国共产党对于现代化的诸多提法，值得注意的是，主要有“工业、农业、国防和科学技术的现代化”（简称“四个现代化”“四化”）与“国家治理体系和治理能力现代化”（简称“国家治理现代化”“第五化”）。“四个现代化”主要涵盖了经济建设、经济基础方面，是经济现代化；而“国家治理现代化”或“第五化”，则集中于政治建设、上层建筑方面，是政治现代化。对于国家上层建筑方面的政治现代化，1979 年邓小平早在《坚持四项基本原则》等文章中就指出，“没有民主就没有社会主义，就没有社会主义的现代化。”“民主化和现代化一样，也要一步一步地前进。社会主义愈发展，民主也愈发展。”[1]要实现“社会主义国家的民主化”[2]。邓小平还指出，“组织制度、工作制度方面的问题更重要。这些方面的制度好可以使坏人无法任意横行，制度不好可以使好人无法充分做好事，甚至会走向反面。……领导

[1]《邓小平文选》第 2 卷，人民出版社 1994 年版，第 168 页。

[2]《邓小平文选》第 2 卷，人民出版社 1994 年版，第 169 页。

制度、组织制度问题更带有根本性、全局性、稳定性和长期性。”[1]因此，民主化要着眼于制度建设、法制建设，要“使民主制度化、法律化”[2]。这说明，社会主义建设光有经济基础的“四个现代化”即“经济现代化”当然不行，还不能缺乏政治上层建筑的“社会主义国家的民主化”，即包括“民主化、制度化、法律化（法治化）”在内的政治现代化。由此可见，国家治理现代化要求实现民主化、制度化、法治化、多元化，其中首要的是民主政治的发展。

毫无疑义，国家治理体系现代化的形成和展开，是社会主义的事业和国家与社会发展的前途命运赋予当代中国共产党的重要使命，是对长期以来困扰人们的“什么是社会主义国家治理体系现代化和怎样治理社会主义国家与社会”重大问题的回答和破解。改革开放后,中国共产党已经成功解答了“什么是社会主义,怎样建设社会主义？”“建设什么样的党,怎样建设党？”和“实现什么样的发展,怎样发展？”的重大问题,历史,注定在这里掀开了新的一页,要推进国家治理现代化、推进民主政治发展。

——如何看待国家治理体系现代化的重点。从提出国家治理体系现代化的党的十八届三中全会的《决定》来看,《决定》论述了全面深化改革的总目标:“完善和发展中国特色社会主义制度，推进国家治理体系和治理能力现代化。”习近平指出，“必须完整理解和把握全面深化改革的总目标，这是两句话组成的一个整体”[3]。这就是说，推进国家治理体系和治理能力现代化，是和完善和发展中国特色社会主义制度紧密地联系在一起的，推进国家治理体系和治理能力现代化是为了完善和发展中国特色社会主义制度。由此可见，什么是国家治理体系现代化的重点呢？其重点就在于国家制度的成熟完善以及对国家制度的执行、监督要坚决有力。一个国家制度的成熟、完善和执行、监督的坚决有力，是现代化时代对国家治理体系提出的基本要求。站在现代化的

[1] 《邓小平文选》第 2 卷，人民出版社 1994 年版，第 333 页。

[2] 《邓小平文选》第 2 卷，人民出版社 1994 年版，第 146 页。

[3] 习近平:《完善和发展中国特色社会主义制度 推进国家治理体系和治理能力现代化》,《人民日报》2014 年 2 月 18 日。

角度看问题，国家的强大，就在于制度的强大。毋庸置疑，推进国家治理体系现代化，其重点就在于加强国家制度建设，它将使中国提振信心、壮大力量、步入强国之列。

在中国，提出和实现国家治理体系现代化，是敢于面对现实、承认不足、奋发有为、充满自信的集中体现。早在1978年“文化大革命”刚刚结束时，邓小平就坦承中国在制度问题上存在严重缺陷。邓小平指出，“我们过去发生的各种错误，固然与某些领导人的思想、作风有关，但是组织制度、工作制度方面的问题更重要。这些方面的制度好可以使坏人无法任意横行，制度不好可以使好人无法充分做好事，甚至会走向反面。即使像毛泽东同志这样伟大的人物，也受到一些不好的制度的严重影响，以至对党对国家对他个人都造成了很大的不幸。……这个教训是极其深刻的。不是说个人没有责任，而是说领导制度、组织制度问题更带有根本性、全局性、稳定性和长期性。”[1]邓小平关于制度的“四性”之说，十分著名且精彩传神，可以说是对制度的功能和作用做出的最为全面、科学的表述，也是对制度的意义做出的最高评价。所谓制度的根本性，可谓奠定基础；制度的全局性，可谓决定大势；制度的稳定性，可谓保持均衡；制度的长期性，可谓克服随意。在制度“四性”的保障之下，一切都要在制度的规范里运行，人人都要按制度的规定办事。对于何时健全完善中国的国家制度，邓小平在1992年也作出了明确的预测和要求，他说：“恐怕再有三十年的时间，我们才会在各方面形成一整套更加成熟、更加定型的制度。在这个制度下的方针、政策，也将更加定型化。”[2]

现在，邓小平关于制度建设的思想和愿景，已经为以习近平为总书记的党中央全面继承和付诸实施。党的十八大报告强调了“要把制度建设摆在突出位置”；党的十八届三中全会明确规定，在推进国家治理体系现代化的进程中，到2020年要形成系统完备、科学规范、运行有效的制度体系，使各方面

[1] 《邓小平文选》第2卷，人民出版社1994年版，第333页。

[2] 《邓小平文选》第3卷，人民出版社1993年版，第372页。

制度更加成熟、更加定型。习近平延续邓小平制度建设的思路明确指出："改革开放以来,我们党开始以全新的角度思考国家治理体系问题,强调领导制度、组织制度问题更带有根本性、全局性、稳定性和长期性。今天，摆在我们面前的一项重大历史任务，就是推动中国特色社会主义制度更加成熟更加定型，为党和国家事业发展、为人民幸福安康、为社会和谐稳定、为国家长治久安提供一整套更完备、更稳定、更管用的制度体系。"[1]

推进国家治理体系现代化，高度重视制度建设问题，必须选择制度改革的路径。在中国，30 多年来的改革实践证明了，不改革就没有出路，就是死路一条。到了 30 多年后的今天，仍然还是这样的道理，不改革就没有出路，还是死路一条。而且，现在的改革和以前相比，有四大突出特征：改革由单一转向全面，由容易转向复杂，由表层转向深化，由"摸着石头"转向"顶层设计"。当前的改革，最重要的就是针对原有的体制和具体制度继续深化改革，实现制度的自我完善。党的十八届三中全会已经提出，对于经济体制、政治体制、文化体制、社会体制、生态体制和党的建设制度，必须从全面深化改革着手。这项工程极为宏大，必须是全面的、系统的改革推进，是各领域改革推进的联动和集成，由此形成了当代中国制度改革的更加波澜壮阔的宏大局面。

推进国家治理体系现代化，高度重视制度建设问题，必须坚持社会主义原则和性质，建立中国特色社会主义制度。当代中国的制度建设，必须着眼于社会主义和中国特色，所建立的制度必须是具有中国特色的社会主义制度。当然，走自己的道路、独立自主地建立中国特色社会主义制度，不等于可以闭关锁国，闭门造车，而必须学习借鉴世界各国的一切先进的经验。习近平指出，"中华民族是一个兼容并蓄、海纳百川的民族，在漫长历史进程中，不断学习他人的好东西，把他人的好东西化成我们自己的东西，这才形成我们

[1] 习近平:《完善和发展中国特色社会主义制度 推进国家治理体系和治理能力现代化》,《人民日报》2014 年 2 月 18 日。

的民族特色。”[1] 中国特色的国家治理体系现代化，是在中国共产党领导下管理国家的制度体系的现代化。它包括经济、政治、文化、社会、生态文明和党的建设等领域在内的一整套的制度和制度体系安排。与现代国家治理体系相适应的现代国家治理能力，则是运用国家制度管理社会各方面事务的能力，包括改革发展稳定、内政外交国防、治党治国治军等各个方面的能力。国家治理体系现代化和国家治理能力现代化，是一个有机整体，相辅相成、相得益彰，有了好的国家治理体系才能提高国家治理能力；提高了国家治理能力，才能充分发挥国家治理体系的效能。

本书作为一本研究国家治理体系现代化的探索性的理论著作，力图从治理的由来和发展、国家建构和治理的类型与转型、国家治理现代化的基本特点、中国特色国家治理体系的系统结构以及如何认识中国特色国家治理体系的构件要素等诸多方面展开研究，给予明晰的解析。

[1] 习近平:《完善和发展中国特色社会主义制度 推进国家治理体系和治理能力现代化》,《人民日报》2014 年 2 月 18 日。

推进国家治理体系和治理能力现代化丛书

中国国家治理体系现代化总论

第一章

治理的由来和发展

治理，是人类社会处置自身集体事务的一种有组织的活动。人，总是趋向于群居的，如果离开了群体，单个人的处境将是极为艰难的，甚至很可能无法生存下去。为了处于良好的状态、获得良善的生活，人类必然要结成群体，形成社会和各种的社会组织。既然形成了社会和各种的社会组织，治理就与人类始终相随；只要人类存在着，就需要进行治理。

一、治理的原初形态

按照美国人类学家摩尔根在《古代社会》一书中所分析的，人类结成群体性的第一组织形式是以人与人之间纯人身的相互依赖为基础的社会。“这种组织的基本单位是氏族”[1],“氏族的组成——这种组织产生了第一种社会形态，所以这种社会名副其实地称为氏族社会”[2]。氏族，后来发展为胞族、部落以及部落联盟等。直到以按地域来划分居民为基础的国家产生之前，这几个以血缘为纽带、按血缘关系来划分自己居民的前后相承的阶段，现在被统称为原始社会。

在原始社会里，由于生产力的低下，食物的匮乏，人们只能联合起来共

[1] ［美］摩尔根:《古代社会》上册，商务印书馆 1981 年版，第 6 页。

[2] ［美］摩尔根:《古代社会》上册，商务印书馆 1981 年版，第 38 页。

同劳动，彼此间相互平等、相互尊重。氏族在日常的生活中，面对着要解决的公共事务，采取了全民议论、大家参与、集体决定的方式，既没有强制性的权力使用，也没有不合理的特权存在。氏族组织流行于整个原始社会，遍及于世界各大洲，无论是在亚洲、欧洲、非洲、美洲、澳洲，这样的情况到处可见。希腊人的氏族、胞族、部落和罗马人的氏族、库里亚（胞族）、部落，可以在美洲土著的氏族、胞族、部落中找到与它们相似的组织。同样，爱尔兰语的塞普特（sept）、苏格兰语的克兰（clan）、阿尔巴尼亚语的弗腊腊（phrara）、梵语的伽纳斯（ganas），所指的组织也都与美洲印第安人的氏族相同，现在通常即以克兰称印第安人的氏族。氏族组织为人类建立了最古老悠久且流行最广的治理制度，而且由那些进入文明之域的部落把它带入并延续到了近现代社会。这里，我们可以从摩尔根在 19 世纪中叶深入美洲原始易洛魁人的氏族、部落进行实地调查后对易洛魁人氏族组织的描述中窥见一斑。

易洛魁人各部落内所拥有的氏族，少则三个，最多者则可达到八个。例如，塞内卡部有：（1）狼氏；（2）熊氏；（3）龟氏；（4）海狸氏；（5）鹿氏；（6）鹬氏；（7）苍鹭氏；（8）鹰氏。卡尤加部有：（1）狼氏；（2）熊氏；（3）龟氏；（4）海狸氏；（5）鹿氏；（6）鹬氏；（7）鳗氏；（8）鹰氏。鄂农达加部有：（1）狼氏；（2）熊氏；（3）龟氏；（4）海狸氏；（5）鹿氏；（6）鹬氏；（7）鳗氏；（8）球氏。鄂奈达部有：（1）狼氏；（2）熊氏；（3）龟氏。摩霍克部有：（1）狼氏；（2）熊氏；（3）龟氏。图斯卡罗腊部有：（1）苍狼氏；（2）熊氏；（3）大龟氏；（4）海狸氏；（5）黄狼氏；（6）鹬氏；（7）鳗氏；（8）小龟氏。在每一个氏族内部，所有的氏族成员都拥有相同的、普遍的权利和义务，这些权利和义务有如下十个方面：（1）选举氏族首领和酋帅的权利；（2）罢免氏族首领和酋帅的权利；（3）在本氏族内互不通婚的义务；（4）相互继承已故成员的遗产的权利；（5）互相支援、保卫和代偿损害的义务；（6）为本氏族成员命名的权利；（7）收养外人为本氏族成员的权利；（8）公共的宗教仪式；（9）一处公共墓地；（10）一个氏族会议。

氏族会议，这是氏族的公共组织机构，也是氏族的最高治理机关。它的议事活动，是该氏族一切成年男女享有平等权利的活动。每当氏族开会时，男男女女都站在周围，按照规定的程序参加讨论并做出表决。氏族会议的机能与属性，赋予了氏族组织治理的活力和鲜明的特征，保障着氏族每一位成员的个人权利。氏族会议最重要的议题，就是氏族成员拥有十项权利和义务中的第一、二项，即选举和撤换酋长与军事首领，以及第五项是否为被杀害的氏族成员接受外族赎金或者实行血族复仇等氏族事务而作出的决定。恩格斯根据摩尔根《古代社会》所提供的材料，曾经详尽地论述了关于氏族选举和撤换酋长与军事首领的两项重要的治理活动。

关于氏族选举一个酋长（平时的首脑）和一个酋帅（军事领袖），“酋长必须从本氏族成员中选出，他的职位在氏族内世袭，一旦出缺，必须立刻重新补上；军事领袖，也可以从氏族以外的人中选出并且有时可以暂缺。由于易洛魁人奉行母权制，因而酋长的儿子属于别一氏族，所以从不选举前一酋长的儿子做酋长，而是往往选举他的兄弟做酋长，或者选举他的姊妹的儿子做酋长。所有的人，无论男女，都参加选举。不过选举须经其余七个氏族确认，只有在这以后，当选为酋长的人才被隆重地，就是说由全易洛魁联盟的联合议事会委任。这样做的意义，在后面就可以看出来。酋长在氏族内部的权力，是父亲般的、纯粹道义性质的；他手里没有强制的手段。此外，由于他的职位，他也是塞讷卡部落议事会以及全体易洛魁人联盟的议事会的成员。酋帅仅仅在出征时才能发号施令。”[1] 至于撤换或罢免酋长和酋帅，“氏族可以任意罢免酋长和酋帅。这仍是由男女共同决定的。被罢免的人，此后便像其他人一样成为普通战士，成为私人。此外，部落议事会也可以甚至违反氏族的意志而罢免酋长。”[2]

氏族组织以议事会的形式来处置集体事务的活动，可以说是治理的原初形态。氏族组织的治理，是一种十分单纯质朴的氏族制度。摩尔根指出，人

[1] 《马克思恩格斯选集》第 4 卷，人民出版社 1995 年版，第 84 页。

[2] 《马克思恩格斯选集》第 4 卷，人民出版社 1995 年版，第 84 页。

类在原始时期“不论在部落或在民族中，他们的政府都是以氏族为其基本单元组织，其结果是形成一个氏族社会或一个民族，因而不同于一个政治社会或一个国家”[1]。虽然当时氏族的公共事务并不见得少，但是它没有设置臃肿复杂的治理机关和专门从事管理的层层管理人员，没有后来的国家出现的什么贵族、国王、总督、地方官以及军队、宪兵和警察等。氏族社会“建立在人身关系的组织上，它是通过个人与氏族、与部落的关系来进行治理”[2]，充分体现了治理的原初形态中所包含的自由、平等、公正、民主和大众参与的性质。

一是治理的自由性质。氏族的治理制度，是充满自由的治理制度，因为它是建立在全体成员都是自由人的基础之上。在这样的自由治理的制度之下，每一个成员的自由程度，不是依靠牺牲少数人或大多数人而求得发展的，而是受到普遍承认的强烈的独立感和自尊心所决定的，这使得每一个刚强、勇敢的氏族成员，都有相互保卫自由的义务。

二是治理的平等性质。在氏族社会里，共有经济是由一组家庭按照共产制共同经营的，土地是全体人的财产，仅有小小的园圃归家户经济暂时使用。因此，氏族社会没有剥削、压迫和被剥削、被压迫，不曾有奴隶和奴役异族氏族、部落的事情。也不会有贫穷困苦的人，因为实行共产制的氏族都知道它们对于老年人、病人和战争残废者所负的义务。每一个氏族成员都是平等的，体现在个人权利方面平等，不论酋长或酋帅都不能要求任何优越权，包括妇女在内，他们都是由血亲纽带结合起来的同胞。而且，一旦酋长和酋帅被罢免后，就成为一个普通人。

三是治理的公正性质。在氏族社会里，一切的问题都由当事人自己解决，在大多数情况下，历来的习俗就可以把一切调整好了，因为这样的习俗是公正的、正义的，大家都能接受的。所发生的一切争端和纠纷，也都由当

[1] [美]摩尔根:《古代社会》上册，商务印书馆1981年版，第217页。
[2] [美]摩尔根:《古代社会》上册，商务印书馆1981年版，第218页。

事人的全体即氏族或部落来解决，或者由各个氏族相互解决；血族复仇仅仅当作一种极端的、很少应用的威胁手段。

四是民主和大众参与的性质。毫无疑义，氏族社会的公共事务都是需要由大家共同参与的，氏族的议事会议，就是氏族的一切成年男女享有平等表决权的民主集会。氏族会议进行选举和撤换酋长与军事首领的活动，集中体现了氏族治理的民主和大众参与的性质。

恩格斯对于氏族组织的原初治理十分推崇，他认为，虽然氏族社会随着经济的发展而注定要被打破和灭亡，但它之后的所谓文明社会的发展，不过使人感到从一开始就是一种退化。取代它的是“最卑下的利益——无耻的贪欲、狂暴的享受、卑劣的名利欲、对公共财产的自私自利的掠夺——揭开了新的、文明的阶级社会；最卑鄙的手段——偷盗、强制、欺诈、背信——毁坏了古老的没有阶级的氏族社会”[1]的治理。氏族组织的原初治理，在往后继续发展的未来社会的更高阶段上一定会回归和重现。

氏族组织的治理，开了人类社会施行治理的先河，成了人类社会治理的源头。在氏族社会里，尽管自由、平等、公正、民主和大众参与并没有被明确地表达出来，但它确实构成人类治理的根本原则，是治理的本来含义，代表着治理的最可贵的本质、最终发展和得到完善实现的趋向。

二、治理的演进发展

原始社会解体后，人类进入阶级社会，出现了国家。国家是社会生产力和生产关系之间矛盾运动发展的结果，是私有制出现、剥削阶级和被剥削阶级形成后阶级矛盾不可调和的产物。马克思主义的国家理论认为：“国家是社会在一定发展阶段上的产物；国家是承认：这个社会陷入了不可解决的自我矛盾，分裂为不可调和的对立面而又无力摆脱这些对立面。而为了使这些对立面，这些经济利益互相冲突的阶级，不致在无谓的斗争中把自己和社会消灭，

[1]《马克思恩格斯选集》第4卷，人民出版社1995年版，第97页。

就需要有一种表面上凌驾于社会之上的力量，这种力量应当缓和冲突，把冲突保持在‘秩序’的范围以内；这种从社会中产生但又自居于社会之上并且日益同社会相异化的力量，就是国家。”[1]

国家与氏族社会以社会成员之间的血缘来划分，形成和维持着基本纽带关系不同，它是按地区来划分其国民的。生产力的发展和阶级关系的产生，取代了天然血缘关系的基本纽带作用，促使社会成员为了谋求本阶级的利益而进行社会流动，不同氏族和部落的成员混然杂居，为了便于对社会成员进行政治统治，使得他们在其居住的地方实现其公共权利和义务，“按地区来划分就被作为出发点”，“不管他们属于哪一氏族或哪一部落。这种按照居住地组织国民的办法是一切国家共同的”[2]。

国家在阶级社会中，是不同于原始社会公共权力的一种“特殊的公共权力”组织。国家是实行阶级统治的社会公共权力组织,它的本质在于阶级统治，可是，在形式上却表现为超然于社会之上的独立力量。这是因为“国家的存在证明阶级矛盾不可调和”[3]，而又正是为了控制矛盾，维护统治秩序，统治阶级才创立了国家，需要“国家权力作为表面上的调停人”，以表面凌驾于社会之上的力量存在并发挥作用。虽然如此，但国家存在的社会公共形式并不能代替它的阶级本质。国家政权总是属于在经济上占统治地位的阶级，政治统治是统治阶级的联合力量，是统治阶级的集体意志和力量的表现，一般都是通过国家意志来实现的。正如恩格斯指出的，“古希腊罗马时代的国家首先是奴隶主用来镇压奴隶的国家，封建国家是贵族用来镇压农奴和依附农的机关，现代的代议制的国家是资本剥削雇佣劳动的工具”[4]。原始社会以来，人类已经经历过或者正在经历着奴隶社会、封建社会、资本主义社会以及社会主义社会等社会形态，与这些社会形态相适应地存在着的是奴隶制国家、封

[1] 《马克思恩格斯全集》第 21 卷，人民出版社 1965 年版，第 194 页。

[2] 《马克思恩格斯选集》第 4 卷，人民出版社 1995 年版，第 171 页。

[3] 《列宁全集》第 31 卷，人民出版社 1985 年版，第 6 页。

[4] 《马克思恩格斯全集》第 21 卷，人民出版社 1965 年版，第 196 页。

建制国家、资本主义国家和社会主义国家。奴隶制国家的实质是奴隶主阶级的统治，封建制国家的实质是地主阶级的统治，资本主义国家的实质是资产阶级的统治，社会主义国家的实质是无产阶级的统治。

毫无疑义，随着国家的出现，原始社会的治理便转变为维护阶级统治并与社会公共事务管理相包容的国家治理。概括地说，国家治理就是治国理政，即是以国家为中心对统治阶级的利益以及社会的公共事务进行安排和处置。国家治理在人类社会的治理发展中是一个重要的时期，它本身经历了漫长的演进发展的四个阶段。

——奴隶制国家治理阶段。奴隶制国家最早产生于公元前 40 世纪初的埃及，后来，亚洲的巴比伦、印度和中国也先后建立了奴隶制国家，西欧从公元前 8 世纪古希腊建立的希腊城邦到后来的古罗马共和国等，都是奴隶制国家。奴隶社会是自原始社会后第一个具有阶级意义上的社会发展形态。在该社会形态中，主要是在物质生产领域，大部分劳动者是奴隶，他们辛勤劳动，在得到只维持自身温饱和人类再生产的需要之外，没有自己的任何财产和报酬，也没有对自己身体和生命的自由支配权利。而在政治领域，奴隶主阶级则靠剥削收入，组织强大的军队和警察机构，建立森严的等级制度，维护奴隶主的特权，并逐步地通过战争不断向外扩张。在这种政治形态下，许多奴隶基本上被剥夺政治权利和经济权利，而统治阶级拥有无限的特权，包括对所属奴隶的人身所有权和支配权。在社会管理方面，由于阶级统治的职能相当突出，而社会管理的职能非常有限，仅限于奴隶主阶级内部保护私有财产的一些权利。在政治参与方面，也只限于有奴隶主阶级少数的人来担任官吏，而统治者也主要依靠家族和世袭的方式来获得特权地位。概言之，封闭保守、残酷剥削、阶级专政、统治者绝对专权是奴隶社会形态下国家治理的根本特点。

——封建制国家治理阶段。公元前 475 年，中国进入战国时期，开始了封建社会，封建制国家因此形成。公元 476 年，西罗马帝国灭亡标志着西欧进入封建社会并逐渐形成封建制国家。封建社会是奴隶主阶级被推翻后，新兴地主阶级上台专政后的一种历史政治形态。在封建社会中，形成的自然经济是以土地为基础，农业与手工业结合，以家庭为生产单位，具有自我封闭性、独立性，以满足自身需要为主的经济结构。这种经济结构中的关键生产资料大部分都掌握在地主（或封建领主）手中，故而能够形成“地主（封建领主）剥削农民”的阶级关系。地主阶级统治其他阶级的根本即为封建土地所有制，地主阶级通过掌握土地这一生产资料，对使用土地的农民通过榨取地租、放高利贷等手段进行剥削。同时封建土地所有制的形式也不尽相同，有通过契约租赁、缴纳地租、雇用佃户等方式实现，但其本质依然是一种剥削与被剥削的关系，不会改变封建社会作为一个阶级社会的本质。封建社会中往往存在相当明显的阶级制度，如中国的宗法制，西欧的教主—国王—领主—爵士制，形成金字塔式的统治架构。在这个统治阶级中，皇帝是最高的主宰，而大臣和僚属是其权力的具体执行者。在这个阶段，现代意义的官僚体制开始形成，开始出现了专门的官吏阶层。这种官吏开始脱离生产，而从事专门化的统治和管理工作。

——资本主义国家治理阶段。资本主义国家是由代表着资本主义生产方式的资产阶级根据自己的利益要求，在与封建地主阶级的政治斗争中建立起来的。一般认为，1640 年英国发生的英国资产阶级革命是资本主义国家的开端。封建社会的生产关系和生产力发展到一定阶段以后，在农民起义、资产阶级革命的打击和摧毁下，封建社会也逐步走向了终结。在封建统治的废墟上发展起来的是资本主义，通常封建社会由于生产力的发展会转型为资本主义社会。最早的资本主义诞生于当时商品经济发达的意大利，如佛罗伦萨、威尼斯等地区。代表资本主义的自然经济，是以商品交换与商品生产为核心的商品经济。由于生产的目的由单一满足转变为向社会提供产品，从而决定了生产关系将有别于原有的封建制度。由于商品经济的发展，原有的自然经济受到冲击，开始解体，农民与手工业者开始丧失生产资料，成为无产阶级，再由工厂主——最早的资产阶级与他们签订雇佣协议，形成新的生产关系——

劳动力的雇佣关系。欧洲在16世纪到19世纪制度化了的一种综合的经济行为，特别以雇佣劳动为中心，还包括在一个相对自由的市场（意味着不受国家的制约）中以公司的名义进行如买卖商品，特别是资本货物（包括地产和劳动力）等行为的组织和贸易。这就是早期的所谓自由资本主义。到19世纪工业革命背景下以及20世纪以后，自由的商品经济发展到高度竞争的阶段后，又逐步地发展到大工业的垄断资本主义时期。而这时的政治形态通过资本主义革命的洗礼和公民权利的确立，在政治生态上已经发生了根本性的变化，也就是从以阶级专政为根本特征的统治走向现代民主政治，因此，在国家治理方面也体现出与前面阶段一些根本不同的特征。

在资本主义民主政治形态下，政治权力被认为是来源于公民权利的让渡，是必要的恶。为此，政治权力是一种被限制的政治物体，这着重体现为在政治全过程中贯彻了宪政主义的思想和原则。作为资产阶级革命的重要理论体系，宪政主义发展了资本主义政治制度架构的根本原则。而以宪政主义为原则建构的政府体系和行政规则着重反映了资本主义形态下的政治治理。概言之，资本主义国家治理有着以下几个方面的特征：一是在权力主体的构造中，贯彻了分立制衡的原则，实行了三权分立的政治体制。立法权、行政权和司法权分别属于不同的议会、政府以及法院系统，三者之间互相制约和监督。二是在政府权能方面，资本主义的不同阶段发生了不同的变化。在自由资本主义时期，政府的角色被定位为“守夜警察”，要求除了维持保护私有财产、公共秩序之外，不对经济社会过多介入。而在资本主义后期，经济、社会的危机发生较为频繁，在社会矛盾相对激化的情况下，政府的角色开始走向主动，尤其是在20世纪30年代后，政府开始介入经济发展，介入民众生活，推出社会保障和社会福利，政府的权能得到了很大的扩展。在一些有着社会主义传统的国家，甚至出现了社会福利主义国家，而行政权也相应地得到了较大程度的扩展。三是在公务员制度方面，资本主义国家开始实行政治中立的文官制度，开始向社会公开招聘，建立了一个相对开放，人人机会均等的用人体系。四是在社会治理方面，开始应用民主政治的架构，实行代议制民主。后来发展到了利益集团在公共政策中发挥重要作用的新合作主义（New Corporatism）。在社会事务方面，公民事务实行的是底层自主决策体系，进行地区自主或社区组织自治，比较尊重公民的自治权利和公民的自主作用，实行国家—社会合作机制。

——社会主义国家治理阶段。1917年俄国十月革命的胜利，标志着社会主义国家的建立。社会主义社会被认为是人类社会发展至今的最高的历史阶段，社会主义有着其他社会历史形态所不能比拟的优越性，其中最集中的表现就是，占人口多数的广大人民翻身做了主人，实行无产阶级专政或人民民主专政，并实现了最大多数的人民民主政治。在具有根本优越性的政治体制和政治制度下，社会主义国家治理同样具有其他历史形态所不能比拟的优越特征。具体而言，主要表现为：一是在生产资料所有制方面，社会主义实行了生产资料的公有制度。这种制度的实行决定了绝大多数人在经济地位方面的平等，由此提高了每一位公民在政治上的平等地位，为民主政治的大众参与创造了客观条件。二是国家在组织和领导经济、政治、社会生活中具有高度的权威，国家的经济和社会管理职能十分凸显。在社会主义各项事业的管理中，由于公共权力在经济领域中的独特作用，国家和政府在政治生活中处于支配性的主导地位。社会主义民主政治非常强调保障人民大众依法参与民主选举、民主决策、民主管理和民主监督，在制度的设计方面有着比较完善和优越的参与制度、协商制度、决策制度和监督制度。

由于社会主义被当作是共产主义的初级阶段，与人类未来的理想社会——共产主义社会相比，社会主义的社会形态有其稚嫩性和不完善性，在组织机构设置、体制设计及其运行以及政治文化价值取向和实际政治道德水准方面都有着不可避免的历史局限性，因此，社会主义国家治理有一个适应社会经济发展而不断调整的过程。可以预见，在社会主义向共产主义过渡的过程中，随着人类社会经济的高度发展，国家治理越来越追求平等公正，致力于大众参与，国家治理开始向着本原的治理逐步地复归、提升。

总而言之，国家治理是人类社会发展中的一个必然进程，占有重要的历史地位，但它也不可能是终极、完美的治理。国家治理的历史地位，决定了它是达到无国家的更好的未来社会治理的前阶。唯物史观揭示，国家不过是缓和社会利益冲突而凌驾于社会之上的力量。待到今后国家消亡了，国家从社会那里收取来的权力就将归还于社会，治理也将进入全新的未来社会治理阶段。由是，治理的演进发展的过程可以作如下图示：

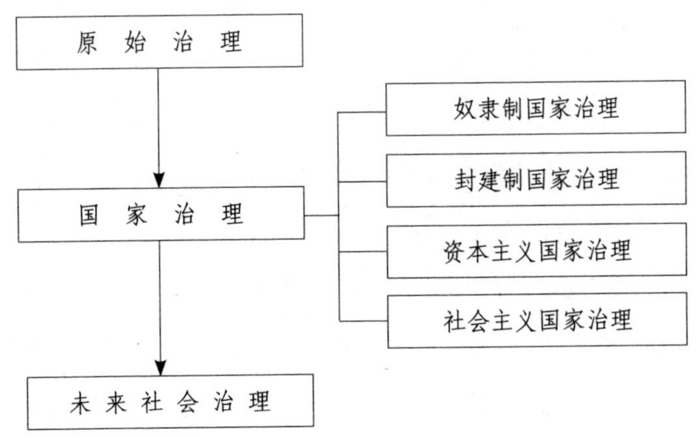

三、治理的传统和当代含义

在中国，治理这个词古已有之。早在春秋战国时期，荀子（约公元前313—公元前238年）在所著《君道》中就讲到治理的问题:“明分职,序事业,材技官能,莫不治理,则公道达而私门塞矣,公义明而私事息矣。”此时的中国，早已由奴隶制国家转向封建制国家，显然，这里所说的“莫不治理”，就是国家治理，荀子要求国君对社会上的各个行当，都要进行分理管治，制定条规，使之井井有条，公道而无私。

中国的另一部古籍《孔子家语·贤君》作了这样的记载："孔子见宋君，君问孔子曰：‘吾欲使长有国，而列都得之，吾欲使民无惑，吾欲使士竭力，吾欲使日月当时，吾欲使圣人自来，吾欲使官府治理，为之奈何？’孔子对曰：‘千乘之君，问丘者多矣，而未有若主君之问，问之悉也。然主君所欲者，尽可得也。丘闻之，邻国相亲，则长有国；君惠臣忠，则列都得之；不杀无辜，无释罪人，则民不惑；士益之禄，则皆竭力；尊天敬鬼，则日月当时；崇道贵德，则圣人自来；任能黜否，则官府治理。’”这里所说的“吾欲使官府治理”，“任能黜否，官府治理”，指的是国家统治者要任用能人，罢黜庸才，尚功而治，国家才能治理得好。这说明，治理是国家统治者治理朝政、处置政务的活动。

在西方，治理（governance）源于拉丁文和古希腊语，长期以来它与统治（government）一词相交叉使用，其意为控制、引导和操纵，被广泛运用于与国家公共事务相关的政治统治和管理活动。治理这个词，也早早出现在柏拉图（公元前 427—公元前 347 年）的《理想国》和亚里士多德（公元前 384—公元前 322 年）的《政治学》之中。他们阐述了古希腊的城邦理论，阐述了政治学的基本问题，实际上说明了国家的起源和本质。城邦不是被人为地制造出来的，它是人类历史发展的必然，是人类开始了政治生活的起点。

柏拉图的《理想国》，探讨的主要就是理想国家的治理问题。在他看来，国家治理的真正出路在于哲学家即“哲学王”掌握政权，这样才能拯救当时希腊城邦所处的危机。这种信念构成了柏拉图政治哲学体系的核心，他认为哲学家是最高尚、最有学识的人，而这种贤人统治下的贤人政体就是最好的政体。所以，只有建立以哲学家为国王的国家才是最理想的国家。柏拉图在《理想国》里以大量的篇幅，论述了理想的国家应该怎样组织、怎样治理。柏拉图认为：“任何统治者当他真是统治者的时候，不论他照管的是公事还是私事，他总是要为受他照管的人着想的。你以为那些真正治理城邦的人，都很乐意干这种差事吗？”“你注意到没有，一般人都不愿意担任管理职务？他们要求报酬。理由是：他们任公职是为被统治者的利益，而不是为他们自己的利益。”[1]因此，柏拉图指出，作为“治理城邦”的统治者，既然要求薪酬俸禄，就要

[1] ［古希腊］柏拉图：《理想国》，商务印书馆 1986 年版，第 28 页。

很好地发挥治理的技艺，尽职尽责为被统治者工作，“做了统治者，他就要报酬，因为在治理技术范围内，他拿出自己全部能力努力工作，都不是为自己，而是为所治理的对象。”[1] 由这些论述可知，柏拉图所谈的“城邦治理”，是国家统治者应体恤、照顾被统治者即“所治理的对象”，统治者要有治理的良好品格，温文和蔼地善待所治理的对象，才能维护国家的统治者和被统治者之间的治理秩序。

亚里士多德的《政治学》，致力于研究的也是“城邦的治理”[2] 即国家治理。不过，亚里士多德和柏拉图有所不同的是，他不是把优良的治理寄托在“哲学王”这样的“治理者”个人身上,尽管亚里士多德也极为重视“治理者”的素质品德问题，但他更注重“全面研究大家所公认为治理良好的各城邦中业已实施有效的各种体制”[3]，即强调要研究能够实现良好治理的政体问题。亚里士多德认为，按统治者人数的多少，可以把政体分为三种，即一个人统治的、少数人统治的和多数人统治的。在正常的情况下，国家政权、国家的统治者理所当然地要为全邦谋利益。这样的政体可以叫做正宗的或正统的政体。但是，统治者如果只谋取私利，这样的政权本身就是不正常的，称之为变态政体。把这正常的和变态的两类政体与统治者人数结合起来，就形成了六大政体：正宗政体，包括君主政体、贵族政体、共和政体；变态政体，包括僭主政体、寡头政体、平民政体。亚里士多德倾向于采取贵族制和民主制相结合的政体形式,这种政体被称作“共和制”。这样的“共和制”是混合政体，兼顾了三项同等重要的因素——自由出身、财富和才德，不像平民政体只顾自由出身，也不像寡头政体只顾财产，又不像贵族政体只顾才德。这种政体，是“自由人对自由人之间的统治，被统治者和统治者的出身相同。这类治理的方式就是我们所谓城邦政治家的治理体系（宪政）”[4]。

[1] ［古希腊］柏拉图:《理想国》，商务印书馆 1986 年版，第 30 页。
[2] ［古希腊］亚里士多德:《政治学》，商务印书馆 1965 年版，第 41 页。
[3] ［古希腊］亚里士多德:《政治学》，商务印书馆 1965 年版，第 43 页。
[4] ［古希腊］亚里士多德:《政治学》，商务印书馆 1965 年版，第 124 页。

十分明显，从以上古代的中外学者对国家治理的论述中可以看到，奴隶制国家和封建制国家的治理，其重要的职能在于统治，统治就是治理，治理也就是统治，而作为统治的治理，就是维持一个阶级对另一个阶级的剥削和压迫的规矩和秩序。马克思恩格斯曾指出，国家的本质特征在于，它是凌驾于社会之上和人民大众分离的公共权力。[1] 在这种公共权力形成时，国家就体现为军队、监狱、警察等暴力公共权力机关，起到维护和镇压的功能。当然，国家也同时体现为为了把被剥削阶级控制在其生产关系的秩序范围内而具有的非暴力的社会管理职能，如兴修水利、兴办教育，实行社会救济、环境保护等。此外，国家也具有经济管理职能，表现为国家通过不同形式干预经济活动，直接为剥削阶级的经济利益服务，其实质在于通过国家干预来加强对劳动阶级的剥削，从而巩固剥削阶级的政治统治地位。因此，从国家产生开始，统治人民和管理社会的机构和职能也就同时产生了。但与其统治的机构和职能相比，管理的机构和职能并非是主要的。

如果说在古代直至近代，国家治理实际上就是统治的代名词，那么，到了 20 世纪 90 年代以来，则发生了很大的变化，西方政治学家和经济学家赋予“治理”（governance）以新的含义，开始与原意渐行渐远。罗茨（R.Rhodes）认为：治理意味着“统治的含义有了变化，意味着一种新的统治过程，意味着有序统治的条件已经不同于前，或是以新的方法来统治社会”，这样的治理出现六种情况：一是作为最小国家的管理活动的治理，它指的是国家削减公共开支，以最小的成本取得最大的效益；二是作为公司管理的治理，它指的是指导、控制和监督企业运行的组织体制；三是作为新公共管理的治理，它指的是将市场的激励机制和私人部门的管理手段引入政府的公共服务；四是作为善治的治理，它指的是强调效率、法治、责任的公共服务体系；五是作为社会—控制体系的治理，它指的是政府与民间、公共部门与私人部门之间的合作与互动；六是作为自组织网络的治理，它指的是建立在信任与互利基

[1] 《马克思恩格斯全集》第 21 卷，人民出版社 1965 年版，第 32 页。

础上的社会协调网络。[1]

治理理论是当今国际社会科学的前沿理论和热门话题，它所提倡的一些价值日益具有共同性和普遍性。当代首先使用“治理”的是世界银行，1989年世界银行在概括当时非洲的情形时，首次使用了“治理危机”（crisis in governance），此后“治理”广泛地被应用于政治发展研究中。例如，世界银行1992年年度报告的标题就是“治理与发展”。联合国有关机构还成立了一个“全球治理委员会”。总的来说，当代对治理概念的使用，是基于社会资源配置中市场和政府的双重失效，但它既不否认政府的合法权威，也不排斥社会和市场的自发组织机制，而是把这两者重新组合起来。有效的治理是建立在政府和市场的基础之上对政府和市场手段的综合与补充，国家可以在治理环境中发挥新的作用。但不同的组织和学者，对治理有着不同的看法和理解。

全球治理委员会对治理作出了如下界定：“治理是各种公共的或私人的个人和机构管理其共同事务的诸多方式的总和。它是使相互冲突的或不同的利益得以调和并且采取联合行动的持续的过程。这既包括有权迫使人们服从的正式制度和规则，也包括各种人们同意或以为符合其利益的非正式的制度安排。它有四个特征：治理不是一整套规则，也不是一种活动，而是一个过程：治理过程的基础不是控制，而是协调；治理既涉及公共部门，也包括私人部门；治理不是一种正式的制度，而是持续的互动。”[2]

联合国开发署（The United Nations Development Program，简称UNDP）的定义是：治理就是通过国家、公民社会和私人部门之间的互动，一个社会管理其经济、政治和社会事务所依靠的价值、政策和制度体系。它是一个社会自我组织作出决策并执行决策以取得相互理解和共识并采取行动的方式。它包含公民和群体表达利益、求同存异以及行使合法权利和义务的机制和过程。它是为个人、组织和公司设定界限和提供激励的规则、制度和实践。治理包

[1] 转引自俞可平：《治理和善治引论》，《马克思主义与现实》1999年第5期。

[2] 转引自俞可平：《治理和善治引论》，《马克思主义与现实》1999年第5期。

含社会、政治和经济维度，存在于人类事业的各个层面，无论是家庭、村庄、都市、国家、地区抑或全球。

治理理论的主要代表人物之一詹姆斯·罗西瑙（J.N.Rosenau）将治理定义为："一系列活动领域里的管理机制，它们虽未得到正式授权，却能有效发挥作用。与统治不同，治理指的是一种由共同的目标支持的活动，这些管理活动的主体未必是政府，也无须依靠国家的强制力量来实现。"[1]

格里·斯托克（Gerry Stoker）认为：治理意味着一系列来自政府，但又不限于政府的社会公共机构和行为者。它对传统的国家和政府权威提出挑战，它认为政府并不是国家唯一的权力中心。各种公共的和私人的机构只要其行使的权力得到了公众的认可，就都可能成为在各个不同层面上的权力中心。治理意味着在为社会和经济问题寻求解决方案的过程中，存在着界线和责任方面的模糊性。它表明在现代社会，国家正在把原先由它独自承担的责任转移给公民社会，即各种私人部门和公民自愿性团体，后者正在承担越来越多的原先由国家承担的责任。这样，国家与社会之间、公共部门与私人部门之间的界限和责任便日益变得模糊不清。治理明确肯定了在涉及集体行为的各个社会公共机构之间存在着权力依赖。进一步说，致力于集体行动的组织必须依靠其他组织；为达到目的，各个组织必须交换资源、谈判共同的目标；交换的结果不仅取决于各参与者的资源，而且也取决于游戏规则以及进行交换的环境。治理意味着参与者最终将形成一个自主的网络。这一自主的网络在某个特定的领域中拥有发号施令的权威，它与政府在特定的领域中进行合作，分担政府的行政管理责任。治理意味着，办好事情的能力并不仅限于政府的权力，不限于政府的发号施令或运用权威。在公共事务的管理中，还存在着其他的管理方法和技术，政府有责任使用这些新的方法和技术来更好地对公共事务进行控制和引导。[2]

---

[1] 转引自俞可平:《治理与善治》，社会科学文献出版社 2000 年版，第 328—329 页。

[2] [英] 格里·斯托克、华夏风:《作为理论的治理:五个论点》,《国际社会科学杂志》（中文版）1999 年第 1 期，第 19—30 页。

从以上对治理的定义中可以看到，当代的治理是一个具有广泛适用性的概念，是指各种国家公共的机构或私人的机构乃至个人，共同处置社会公共事务的诸多方式的总和。它使相互冲突的或不同的利益得以调和并且采取联合行动。这既包括有权迫使人们服从的正式制度和规则，也包括人们同意或认为符合其利益的各种非正式的制度安排。当代的治理，强调民主、法治、多元、合作，打破了近现代以来传统意义上的公共与私人、国家与市场、政府与社会的两分法，淡化了公共与私人、国家与市场、政府与社会之间的分界线，在治理的主体、职能、方法等各方面都作了扩展。当代的治理理论比原来的公共行政和公共管理理论具有更为广泛的涵盖面和适用性。

| 第二章 |

国家建构和国家治理转型

国家治理，是世界各国必经的一个阶段，人类只有经历国家治理，才能向着未来社会治理走去，这是历史大趋势。但是，国家治理所具有的必然性和普遍性，并不等于说各国的国家治理都是同步的、均衡的、一样的。事实上，随着欧洲文艺复兴和资产阶级革命的兴起，封建制国家被逐步打破，开始了现代国家建构和国家治理的转型，但具体情况又不尽相同。各个国家由于经济、政治、文化、社会等条件的不同，国家建构和国家治理的转型发展有着明显的不同。研究中国国家治理体系现代化，就要立足于中国实际，阐明中国的国家建构和国家治理转型发展的具体情况。

一、现代国家的建构

国家发展的历史说明，人类已经依次经历了奴隶制国家、封建制国家、资本主义国家和社会主义国家。而不同类型国家之间的更迭替代，实际上都要发生并要完成国家建构的任务。由于习惯上把奴隶制国家、封建制国家称为古代国家、中世纪国家，把资本主义国家、社会主义国家称为现代国家，因此，从中世纪国家转变为现代国家，是一次重大的、新的国家建构，经历着现代国家复杂艰辛的建构过程。

在欧洲文艺复兴时期，随着资本主义生产方式的萌发、教权的衰落和王权的崛起，建立现代国家的任务被历史性地提了出来。现代国家是指从近代以来通过资产阶级革命或民族独立运动建立起来的，以一个或几个民族为国民主体的国家。对于这样的现代国家究竟应该怎样建构，新兴的民族国家具有怎样的地位、权力，西方诸多的政治人物和学者进行了大量的论述，作出了重大的理论贡献。

一是马丁·路德领导的宗教改革运动。路德主张宗教信仰自由、政教分离和政权至上。他否定教皇和罗马教会的权威，反对教会干涉世俗政权事务，主张国家政权至上。这是他的政治思想的中心内容。路德强调建立一个由世俗政府统治的、独立于罗马的帝国。君主应全力维护世俗社会的秩序，人民则负有服从世俗国王的义务，这种服从是良好的品德，不服从是最大的罪恶。约翰·加尔文是宗教改革运动的又一个领袖人物，他主张世俗权力是神圣的。加尔文指出，政府是人得救的外在手段。人在地上作客旅，就需要有政府，世俗权力是神圣的。宗教和教会也要辅助政府的活动。宗教反对教徒脱离人间的生活，反对教徒不做工、不自食其力而靠人养活。加尔文要求废除教皇和主教制，主张在教会中实行民主共和制度，教职人员由教徒公开投票选举产生，教职人员与信众平等，并服从信众兄弟大会决定，不能个人专断独行。这些民主共和的主张虽然还只是作为教会的组织原则在加尔文教会中实行，但它却表达了资产阶级要求民主共和的政治愿望。恩格斯在评价加尔文宗教改革的主张与实践时说，加尔文“以真正法国式的尖锐性突出了宗教改革的资产阶级性质，使教会共和化和民主化”[1]。

二是尼科洛·马基雅维利的国家权力学说。马基雅维利在《君主论》中从人性出发，阐述了国家的起源问题，指出国家并不像神学家所说的是上帝创造的，而是人自己为了共同福利的需要建立起来的，人是国家的目的和对象，人是国家命运的操纵者。马基雅维利的政治学的核心不是君权神授，而是民族主义的中央集权思想，并以“人”为中心观察国家，以权利作为法的基础，指出国家的基本要素是军队、法律体系和行政机构与职能等方面，从而开创了以民

[1] 《马克思恩格斯选集》第4卷，人民出版社1972年版，第252页。

族国家为研究重点的政治学。马基雅维利认为，权力是国家的核心和政治的目的，国家的根本问题就是统治权，政治就是国家权力，统治者应以夺取国家权力和保持国家权力为根本目的。在国家的政体形式上，马基雅维利从亚里士多德阐述的三种正常政体的比较中得出，共和政体是最好的、最理想的政体。共和政体的优点在于：第一，它把君主制、贵族制和民主制的原则结合在一起，是最稳固的国家形式，能适应各个不同时代的状况；第二，它能够使社会财富增长得更快，以增进人民的福利，使大多数人都有得到物质利益的机会而防止社会财富被君主所垄断；第三，它比较容易实现人民的自由和平等，容易废止少数人的特权，使人民能够参加国家管理、发挥他们的智慧和力量。

三是让·布丹的国家主权论。在《国家论六卷集》中，布丹开宗明义地说明了主权的重要意义。国家主权、主权的性质、范围和归属等问题，是国家理论的根基。布丹认为，一个国家必须具有至高无上的主权，就像一家之中家长占统治地位，妻子要服从丈夫，子女要服从父亲。掌握国家主权的人叫主权者，组成具有最高主权的合法政府。对于什么是国家主权，布丹说："主权是在一个国家中进行指挥的……绝对的和永恒的权力。"[1] 主权包括八个方面：第一，立法权。布丹认为主权者是一切法律的唯一渊源，法律不过是主权者的命令。所以他说，"主权者就是立法者"，一切服从者都不能参与立法权。第二，宣布战争与缔结合约的权力。第三，任命官吏权。由于主权者不可能亲自行使国家的所有权力，所以有些权力要委托官吏去行使。第四，最高裁判权。主权者是国内最高裁判官，最高裁判权是不可能转让的。第五，赦免权。属于最高裁判权的一部分。第六，有关忠节和服从的权力。服从者有效忠和服从主权者的义务，没有主权者的同意，绝对不能解除这种义务。第七，货币铸造和度量衡的选定权。第八，课税权。这八权是统一的，构成完整的国家主权。但从布丹列出的八权来看，主权中最重要的是立法权、宣战与讲和权、重要官职

[1] [法]让·布丹：《国家论六卷集》，转引自[法]马利旦：《人和国家》，商务印书馆1964年版，第32页。

任免权和最高裁判权。布丹认为，主权与管理权是不同的，管理权是行使主权的权力。主权即统治阶级的统治权是绝对的、不可分割的，而政府的统治权即管理权力是主权派生的，是可以由国家不同机关来分掌的。布丹第一次把国家的组织形式和管理形式区别开来，即把国家类型和政府形式区别开来。

四是雨果·格老秀斯的国际法理论。格老秀斯在《战争与和平法》一书中认为，国际法是对各国有约束力的各种行为规范，各国为了安全、幸福的需要，应该签订共同遵守的国际法。他从国际法的角度论述国家主权，认为所谓主权就是“它的行为不受另外一个权力的限制，所以它的行为不是其它任何人类意志可以任意视为无效的”[1]。这就是说，一个国家的主权，对内来说，是最高的统治权，它是至高无上的；对外来说，它是独立的，不受另外一种权力的支配、限制。格老秀斯认为，国家主权应包括颁布法律、司法、任命公职人员、征收捐税、决定战争与和平问题、缔结国际条约等权力。格老秀斯对主权的分析表明，他主要是从国际法角度考虑主权问题的。他不仅从主权对内最高这个方面来考察主权的性质，而且还考察了主权对外独立这个方面。如果说布丹只是从加强君主专制的需要出发，提出主权最高、永久、不可分割等性质，那么格老秀斯这种关于主权国家对外独立的性质，则是对布丹主权理论的发展和补充。

五是约翰·洛克和孟德斯鸠的分权学说。洛克根据布丹政府的管理权是主权派生的，可以由国家不同机关来分掌的思想，提出国家的权力可以分解，在政府管理中要体现分权原则，即分为立法权、行政权和对外权。立法权是指导如何运用专家的力量以保障这个社会及其成员的权力；行政权是负责执行被制定的和继续有效的法律的权力；对外权是负责决定战争与和平、联合与联盟以及同国外进行一切事务的权力。三种权力中，立法权是最高权力，但也不是专断的权力，它不能超出保障人们基本权利的范围。说它最高，只是相对于行政权和对外权。后来，孟德斯鸠受到洛克影响，在考察英国政治制度的基础上，进一步形成了更为科学的三权划分和分权制衡学说。孟德斯

[1] ［英］汉默顿：《西方名著提要》，中国青年出版社 1957 年版，第 113 页。

鸠认为，一个国家的权力可以划分为三种：第一，立法权，它拥有制定、修正或废除法律的权力；第二，行政权，它拥有处理有关国际法事项的行政权力；第三，司法权，它拥有处理有关民政法规事项的审判权力，是惩罚犯罪和裁决私人争论的权力。孟德斯鸠明确地阐述了三权分立的制衡原则。他认为，"制约"和"均衡"是为了防止权力滥用和杜绝专横。所谓"以权力约束权力"，就是立法、行政、司法这三种权力互相分立、互相制约、保持平衡。

综上所述，现代国家的建构，始于16世纪初经济社会的发展和民族国家的形成。现代国家和中世纪国家的不同，主要在于国家是否具有在某一有限领土内的最高权力机关。具体而言，它们之间有着以下五个方面的区别。

一是现代国家要求政教分离，它把政治学看作是道德哲学的一个独特的分支，研究政治统治的艺术。这一点是通过恢复亚里士多德的传统而实现的，亚里士多德主张伦理学研究个体的善，政治学研究集体的善，城邦国家体现了集体的善业。但在中世纪，国家实行政教合一，阿奎那等神学家把国家学说变成神的学说，国家的存在不过是神的意志的存在，地上世俗之国受到天上神之国家的支配。

二是现代国家阐明和证实了国家统治者拥有最高权力，它在自己的领土范围内具有垄断地、合法地使用暴力的权力。但在中世纪封建制国家，国王的权力并不是很大，各封建领主在自己的领地上拥有高度自治权，国王没有超越封建领主的绝对权力；国王的权力还受制于罗马教会，而中世纪罗马教皇的权力非常之大，对国王的权力构成了巨大的威胁，在教权与王权的斗争中，国王失败了要被开除教籍，变成异教徒。

三是现代国家要求承认在每个独立国家的领土内，作为立法者和人民效忠对象的最高权威是至高无上的。这种观念，使中世纪国家的封建领主和教会的权力受到了致命性的挑战。封建领主作为地方豪强势力，不再拥有不受约束管制的权力，而要承认和服从国家的至高无上的权力。现代国家一切强制性的权力都是世俗的权力，任何神职人员拥有的最高权威只能是教育和行道，而不能行使任何强制性的权力或进行世俗的统治。

四是现代国家被认为仅仅是为了行使政治权力、达到政治目的而存在。国家代表公共利益、公共意志，国家权力只限于维护社会和公民的基本的权利和利益。国家和社会、公民要有明确的区分，如果国家权力不受限制地膨胀，过多地侵入社会和公民领域，就会消除国家与社会之间的界限，不再成为自主性与独立性的“政治国家”。而中世纪的国家，则是侵入到社会生活领域。

五是现代国家要求实行分权制衡。和中世纪国家统治者专制独裁、垄断一切权力根本区别的是，为了保证公民的政治自由，现代国家的治权即三种权力必须分别交由不同的人和不同的机构来行使。如果立法权和行政权集中在同一个人或同一个机构的手中，政治自由便不复存在了，因为人们将要害怕这个国王或议会制定暴虐的法律，并暴虐地执行这些法律。如果司法权和立法权（或行政权）同时集中在一个人或一个机构的手中，政治自由也将不复存在，因为如果司法权同立法权合而为一，则将对公民的生命和自由施行专断的权力，因为法官就是立法者。如果司法权同行政权合而为一，法官便将握有压迫者的力量。如果三种权力都同时集中在一个人或一个机构的手里，那么独揽一切权力的个人或机构既可以用“一般的意志”去蹂躏全国，又可以用“个别的意志”去毁灭每一个公民，包括人的生命、财产和政治自由。现代国家的分权制衡思想，开始把国家和政府分开了，此时的政府是专司行政权的，而在中世纪国家，国家即政府、政府即国家，两者根本无法区别。只有到了近代，政府才有了独立的意义。以至于在政治学中讲到国家问题时，有了一个最基本的区分，现在讲到政府，一定要说明是广义的政府还是狭义的政府。广义的政府就是国家，因为国家就是一个管理机构；狭义的政府指的只是拥有行政权力、进行行政管理的政府。而在一般的意义上，现在的政府，就是狭义上的拥有行政权力的政府。

二、国家治理的类型和转型

现代国家的国家治理，从英国进行“光荣革命”于 1689 年通过《权利法案》、建立君主立宪制政体、确立了资本主义的国家制度算起，在其三百多年的发展进程中，先后形成了治理的四种类型和三次转型。

第一种是统治型。和历史上任何一次的国家更替一样，作为现代的、新兴的资本主义国家，也是建立在暴力的基础上，并凭借暴力维持自己的阶级统治。现代的、新兴的资本主义国家，是由代表着资本主义生产方式的资产阶级根据自己的利益要求，在与封建地主阶级的政治斗争中建立起来的，在当今世界上，英国、法国、德国、意大利、荷兰、西班牙等国，都是经过资产阶级革命建立起现代的、新兴的资本主义国家的代表。

在早期资本主义国家阶段，资产阶级统治者既要镇压被推翻的封建统治势力的复辟反抗，又要面对来自被剥削压迫的工人阶级和劳动人民的底层抗争，强化国家机器的统治职能成势所必然，成为货真价实的"统治型国家"。例如，法国经历了长达八十多年的复辟和反复辟的斗争，每一次斗争都使这部国家机器得以加强。法国大革命自1789年7月爆发后，正在开会的三级会议转变为制宪议会，成为法国的最高权力机关，制宪议会通过了著名的《人权宣言》。1791年制宪议会颁布了法国历史上第一部宪法，规定法国为君主立宪制国家，实行三权分立原则。1792年巴黎人民起义推翻王权，宣布成立共和国，从而建立起法国历史上第一个资产阶级共和国，即法兰西第一共和国。但法兰西第一共和国成立后，1804年拿破仑·波拿巴称帝，建立起法兰西第一帝国，恢复了一些旧制度，尤其是等级制度，随后1815年法兰西第一帝国覆灭,波旁王朝复辟。1830年7月,巴黎人民推翻复辟的波旁王朝的统治，建立了七月王朝，实行君主立宪政体。1848年二月革命后，成立了法兰西第二共和国，路易·波拿巴当选为共和国总统。1852年，路易·波拿巴加冕称帝，建立起法兰西第二帝国。1870年在普法战争中法国战败，法兰西第二帝国覆亡。而在随后爆发的巴黎公社革命中，工人起义者遭到了资产阶级政府军的疯狂镇压，3万多人被杀害，还有5万多人随后被处决或者监禁，7000多人被流放到新喀里多尼亚。对于法国早期资本主义国家所拥有的暴力统治机器，马克思曾经一针见血地指出，“这个行政权有庞大的官僚机构和军事机构，有复杂而巧妙的国家机器，有 50 万人的官吏队伍和 50 万人的军队。这个俨如密网一般缠住法国社会全身并阻塞其一切毛孔的可怕的寄生机体”[1]，经历一切变化不过是使它的统治职能更加完备。

第二种是管制型。随着资本主义国家政权的逐渐稳固，资产阶级统治者开始转向对于公共行政事务的治理。资本主义国家也就从赤裸裸镇压的统治型国家转向了更多处置社会公共事务的管制型国家，这是国家治理的第一次转型。首先，资产阶级革命后，英、美、法等国家的人事制度沿袭了封建时期色彩的政治恩赐和政党分肥，产生出一系列弊端：结构性贪污腐败、周期性政治振荡、行政效率低下、人才选拔通道狭窄等。为了适应市场经济的需要和政治稳定，英国采纳中国科举制的优点，于 1854 年通过了建立文官制度即公务员制度的《诺斯科特——屈威廉报告》。从 19 世纪中叶到第一次世界大战结束，英、法、美等主要资本主义国家陆续建立了公务员制度，用以协调资产阶级内部的矛盾和冲突，节省政府开支，抑制和减少腐败。人事制度从恩赐制到现代公务员制度的转变，可以说是一种制度创新，也标志着现代国家的治理模式有了历史性改进。其次，对行政事务实行科学管理，即实行政治—行政两分法。美国学者威尔逊于 1887 年发表《行政之研究》，主张把政治和行政分开科学管理，另一学者古德诺于 1900 年发表《政治与行政》，定义了行政与政治的不同作用，阐明这两者是完全能够区分的。他认为政治是国家意志的表达，而行政是这种意志的执行。在政府里的政务官负责作决策决定，贯彻执政党和国家的政治意图，公务员则只负责具体的执行办事。第三，确立以科层制为核心的行政组织理论，即确立法理型的命令—服从关系。马克斯·韦伯创立了科层制理论，他指出，现代国家是通过法定选举产生的，具有合法性。因此政府内部科层制结构的上下级关系是命令—服从类型。在法理型命令—服从类型中，个人对领导的服从是根据所认可的法律对职级制

[1]《马克思恩格斯选集》第 1 卷，人民出版社 1995 年版，第 675 页。

表示承认。服从，不是对领导个体的服从，而是体现于对由法律规定的某个职位的服从。

管制型国家公共行政的基本特点，一是严谨精准，公务员讲专业技术性，科层制拥有完美的技术化程序和手段，不仅愈益倚重各类专家，而且在管理的方法和途径上也越来越科学化、合理化。二是责任到位，公务员的从属关系一般是由严格的职务或任务等级序列先在地安排的，每个职务本身的规定细致而明晰，使得每个个人都能够照章办事而不致越出权利义务体系范围。三是法治原则，公务员讲法律条文规定，受制度约束，必须依法办事。

管制型国家公共行政的弊端主要在于：其一，效率低下，因为机构繁琐、层层审批、公文旅行。官僚制度就像一部运转良好的行政机器，它要求其成员只是做好自己分内的事，即使在一些情况下过分的程序化可能导致效率的低下也在所不惜;其二，不计成本，政府具有垄断性、神秘性，不讲经济效益，预算往往逐年增加，甚至出现了年底预算花不完突击花钱的现象；其三，具有扩张倾向，英国学者帕金森总结为国家患有“机构病”，不断进行自身机构和人员的扩张、膨胀。总起来说，管制型国家形成一个等级森严的官僚制机构，并以这个官僚制机构为中心，政府无所不能、无所不管，由它发号施令，民众得求它办事。政府高高在上、冷若冰霜，正像老百姓所怨言的“门难进、脸难看、话难听、事难办”，是名副其实的“管制型国家”。

第三种是管理型。针对管制型国家公共行政的弊端，20 世纪 60 年代欧美国家发起了行政改革运动,使国家的行政管理进入了“新公共管理”的阶段，这是国家治理的第二次转型。新公共管理的理论大家奥斯本、盖伯勒等人提出“重塑政府”或“政府再造”的口号，振聋发聩、风靡世界。新公共管理理论主张，政府“掌舵而不划桨”，要对政府角色定位，把决策制定（掌舵）和决策执行（划桨）分离。为了实现两者的分离，新公共管理主张通过民营化等形式，把公共服务的生产和提供交由市场和社会力量来承担。而政府主要集中于掌舵性的职能，如拟订政策、建立适当的激励机制、监督合同执行等。

由于政府不再干预具体的公共事务，而且重视第三部门组织的作用，可以减少机构人员，实现大社会、小政府。新公共管理理论主张，“公共品”如国防、公安、城市基础设施等必须由政府独家经营，但政府在采购中容易产生寻租活动，应在政府管理中引入市场竞争，通过招标降低成本。新公共管理理论主张建立“企业家政府”，将企业管理的理念和方法引入公共部门。企业家是最精明的，最知道优化配置，主张对精明管理的官员进行提成奖励，建立有使命感的公共组织。有使命感的政府比起照章办事的政府士气更高、更有创新精神，从而也更有效率。

新公共管理的基本特点在于，一是改变了传统公共模式下的政府与社会之间的关系，重新对政府职能及其与社会的关系进行定位：政府不再是高高在上、“自我服务”的官僚机构，公务员应该是负责任的“企业经理和管理人员”，社会公众则是提供政府税收的“纳税人”和享受政府服务作为回报的“顾客”或“客户”，政府服务应以顾客为导向，顾客至上，增强对社会公众需要的回应力。二是更加重视政府活动的产出和结果，即重视提供公共管理的效率和质量，由此而重视赋予“一线经理和管理人员”（即中低级文官）以职、权、责，如在计划和预算上，重视组织的战略目标和长期计划，强调对预算的“总量”控制，给一线经理在资源配置、人员安排等方面充分的自主权，以适应变化不定的外部环境和公众不断变化的需求。三是强调政府广泛采用私营部门成功的管理方法手段（如成本—效益分析、全面质量管理、目标管理等）和竞争机制，取消公共服务供给的垄断性。新公共管理认为，政府的主要职能固然是向社会提供服务，但这并不意味着所有公共服务都应由政府直接提供。政府应根据服务内容和性质的不同，采取相应的供给方式。

新公共管理在日趋流行的同时，在实践中也存在不少问题，产生不良的影响，因而遭到许多批评和指责。新公共管理的弊端主要是：对市场机制过分推崇，具有严重的市场化倾向，过于讲究经济效益，把政府等同于企业，鼓励了一切向钱看的动机，导致了公共服务意识的弱化；过于强调绩效管理，对产出或绩效目标进行精确的界定、测量和评估是必要的，但政府的许多服务项目，其产出、成本以及绩效都是难以量化的，因而也就难以准确测量和评估；有害的私营化，公营部门过分私营化，实际上是放弃政府公共服务职能，逃避政府必须承担的提供社会福利的责任。由上可见，新公共管理以市场化和企业化管理作为其核心理念，形成一个高效率、低成本、重绩效的行政管理机构，可以说它是非常有效的“管理型国家”，但它的服务确实还不到位。

第四种是治理型。针对新公共管理的弊端，20 世纪 90 年代兴起了治理理论，使当代国家进入了治理型国家的新阶段，这是国家治理的第三次转型。治理型国家是后工业社会出现新情况、新问题的要求。当人类步入后工业社会的时候，社会利益的多元分化越来越明显，社会公共事务的治理要求相关治理机构有更灵活更高效的回应，以国家为中心的治理结构和以科层官僚制为主的治理机制已经无法适应社会发展的要求。而且，在后工业社会中人们的价值追求也日趋多元化，他们对国家治理的多样化也提出了更高的要求，这与现代政治治理模式所强调的整齐划一和高度规则化的治理形成了一定的张力。在后工业社会中，在社会资源的配置方面，政府与市场一样表现出乏力的迹象，一方面，市场在限制垄断、提供公共品、约束个人的极端自私行为、克服生产的无政府状态、统计成本等方面存在着内在的局限，单纯的市场手段不可能实现社会资源的最佳配置。另一方面，仅仅依靠国家的计划和命令等手段，也无法达到资源配置的最优化，最终不能促进和保障公民的政治利益和经济利益。

当代之所以兴起治理的理论并要求转向治理型国家，显然是因为治理比统治、管制、管理具有更广泛的适用范围，治理中的权力主体是多元的、广泛的，其手段也是多样的、相互的，强调沟通和协调。概括地说，治理和统治、管制与管理之间存在着以下几个方面的不同：

第一，主体不同。治理的主体远远要超过统治、管制、管理的主体。统治、管制、管理的主体主要是指以公共权力为后盾的公共组织或公务人员，国家成为中心和关键之所在;而作为治理的主体,国家权力组织并不是唯一的中心,其他的社区组织、志愿者组织和私营组织等都可以是权力的中心,都可以参与,共同进行决策和管理，主体和权威出现了多元化。

第二，权源不同。在权力的来源上，统治权、管制权、管理权都统一来自国家权力机关的自上而下的一级一级授权，并由被授权的权威机关行使。治理权则并非由上级权威机关授予，而是来自公众认可或社会契约赋予，甚至由人民直接行使，这便是自治、共治。

第三，对象不同。统治、管制、管理在大政府时代可以说政府控制着社会生活的方方面面，人们的一切都是其调控的对象；当进入到小政府的时代，政府的作用范围大为缩小；对于治理而言，由于主体多元化了，从现代的大企业、公司到学校、社区组织，它们的治理可以取代政府的控制，治理的范围和对象相当的灵活。

第四，手段不同。统治、管制、管理采取的手段和方法主要以具有强制性的行政、法律手段为主，有时甚至是军事性手段，以实现对社会的强力控制。而治理的手段除了国家的手段和方法外，更多的是强调各种机构之间的自愿平等合作。“治理的主要特征不再是监督,而是合同包工;不再是中央集权,而是权力分散;不再是行政部门的管理，而是根据市场原则的管理;不再是由国家‘指导’,而是由国家和私营部门合作。”[1] 治理的手段是复合的、合作的、包容的、协商的，有效性得以增强。

第五，运作方式不同。统治、管制、管理的层级是金字塔形的，权力顺着科层制的流向自上而下地垂直分布，以政府的权威对社会事务实行单向度的、强制的、刚性的控制，其作用的对象只能表现为接受和服从。而治理，由于参与主体的多元化，在迈向共同目的地的过程中，各个主体间的协调和沟通十分突出。治理的层级是扁平化的，所拥有的运行机制，不仅依靠政府的权威，而且依靠合作网络的权威。治理强调公民和社会机构的参与，其权

[1] 俞可平:《全球化时代的政治管理模式》,《方法》1995 年第 1 期。

力运行向度是多元的、相互的。治理的权力更多的是做水平的运动，权力的流向是双向或多向的互动。

第六，追求目标和评价标准不同。治理追求和实现的是“善治”（good governance），而统治、管制、管理追求的不过是“善政”（good government），善政的构成要素包括严明的法度、清廉的官员、高效的行政、良好的服务。这种善政是建立在传统的社会统治结构和韦伯式官僚体制之上的，包含于传统的政治与行政的理念之中。而治理达到的善治，已经超出了传统的统治范畴，它强调了政府与公民对公共生活的合作治理，是政治国家与市民社会的一种新颖关系，两者关系处于最佳状态。善治的构成要素被归纳为六个方面：合法性（legitimacy）、透明性（transparency）、责任性（accountability）、法治（rule of law）、回应（responsiveness）、有效（effectiveness）。[1] 很显然，“善治”比“善政”拥有更多的民主、协商、合作的要素，对公民的权利和地位也给予更多的尊重和重视。

治理理论的兴起和治理型国家的实践，不仅仅是对传统行政方式的革新，更是一种社会历史性的变革。这种根本性的思想变革是社会发展的必然结果和历史诉求，将会指导国家变革。随着治理思想的实践和平民化，将会逐渐形成一种后工业时代的社会价值观，它建立在对工业社会和传统政府批判的基础之上，并同经济全球化、世界一体化相呼应，在信息技术和社会信息化的基础上得以传播和发展。同时，和统治、管制、管理相比，治理显然具有更大的优势：一是更能够发挥人类处置自身公共事务的正能量；二是更能调动全社会的积极性；三是更加科学、民主、有效率。众人拾柴火焰高，从某种意义说，治理还特别符合中国共产党强调的群众路线。

治理型国家，将是国家治理的终结，之后将进入人类未来社会的治理。为此，可以将国家治理的发展走向用下图加以表示。

---

[1] ［美］阿里·法拉兹曼得：《全球化与公共行政》，《公共行政评论》1999 年第 6 期。

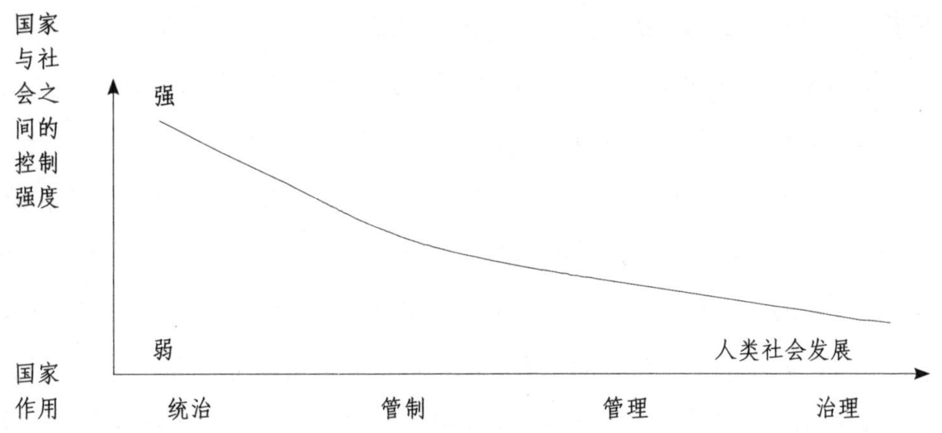

三、中国国家治理的发展阶段

前面阐述了国家治理的类型和转型问题，它适用于世界上的所有国家。任何的国家治理历程，都将经历从统治型国家到管制型国家到管理型国家再到治理型国家，最终走向未来社会的治理。中国也是这样，但在沿着这条道路前行的进程中又有着自己的特殊性。中国的现代性国家建构发生得比较晚，是从1911年推翻清朝封建统治后开始的，一直持续到1949年中华人民共和国成立。更为重要的是，1949年新中国成立后选择的是社会主义道路，建构的是不同于西方的由共产党领导的社会主义国家。尽管如此，60多年来中国共产党执掌政权、统领国政，其国家治理也经历了四个转型发展阶段。

从1949年至1956年是第一阶段，可以称之为统治型国家阶段。《共产党宣言》指出，“工人革命的第一步就是使无产阶级上升为统治阶级，争得民主。无产阶级将利用自己的政治统治，一步一步地夺取资产阶级的全部资本，把一切生产工具集中在国家即组织成为统治阶级的无产阶级手里，并且尽可能快地增加生产力的总量”[1]。在这一阶段里，中国共产党建立了新型的社会主义国家政权，领导了从新民主主义到社会主义的过渡，进行对资本主义私有

[1] 《马克思恩格斯选集》第1卷，人民出版社1995年版，第293页。

制的改造，消灭了资产阶级和地主阶级，改造了民族资产阶级，于 1956 年建立了社会主义国家的经济、政治、文化等制度。

从 1956 年至 1978 年是第二阶段，可以称之为管制型国家阶段。此时，以全国性大规模阶级斗争为主要特征的国家统治告一段落了，中国进入社会主义建设的新时期。在 1966 年之后的前十年中，中国的经济建设取得了重大的成就，初步建立起独立的比较完整的工业体系和国民经济体系，农业生产显著提高，教育、科学、文化等事业有了很大的进步，积累了在中国这样一个社会生产力水平十分落后的东方大国进行社会主义建设的重要经验。但是，在国家治理方面，总的来说中国搞的社会主义是仿效了“苏联模式”即传统的社会主义模式，就其实质而言仍为管制型国家。而且，在这十年中，极“左”路线的倾向越来越严重，经济上实行僵化的计划体制，政治上以阶级斗争为纲，思想文化上推行教条式、说教化，助长了个人崇拜的盲从心理。毛泽东认为，发展社会主义、向共产主义过渡，还需要抓阶级斗争。“阶级斗争，一抓就灵”，要以阶级斗争为纲，不停顿地开展政治运动，在社会上不断揪出阶级敌人，在党内则要揪出走资本主义道路的当权派。毛泽东指出，“中央和中央各机关，各省、市、自治区，都有这样一批资产阶级代表人物”，“必须同时批判混进党里、政府里、军队里和文化领域的各界里的资产阶级代表人物，清洗这些人”，因为这些“混进党里、政府里、军队里和各种文化界的资产阶级代表人物，是一批反革命的修正主义分子，一旦时机成熟，他们就会要夺取政权，由无产阶级专政变为资产阶级专政”[1]。为此错误地发动了“文化大革命”，提出为了粉碎资本主义复辟，必须实行无产阶级专政下的继续革命。由于过分夸大阶级斗争，过分强调无产阶级专政，也过于强化无产阶级统治，十年“文化大革命”客观上使中国又回到统治型国家形态。

从 1978 年至 2013 年是第三阶段，可以称之为管理型国家阶段。1978 年“文化大革命”结束后，随着党的十一届三中全会的召开，中国迎来了改革开放

[1] 《五一六通知》，《人民日报》1967 年 5 月 17 日。

的新时期，也由此进入了管理型国家的阶段。在这一阶段里，邓小平领导全党实现了党的工作重心的转移，坚决放弃阶级斗争为纲，转向以经济建设为中心。其实，早在“文化大革命”中邓小平第二次复出抓农业、工业、国防企业、文艺等全面整顿时，就强调了要抓好各行各业的管理，整顿就是抓管理。进入新时期后，他更加强调搞好管理，要让管理出生产力，出效率。他特别重视经济管理、企业管理、行政管理、社会管理等各方面的管理。他说，“当前大多数干部还要着重抓紧三个方面的学习：一个是学经济学，一个是学科学技术，一个是学管理”[1]。他还提出，要“向外国的先进管理方法学习”[2]。邓小平带领党和国家走上了建设社会主义各项事业和实现管理科学化的道路。

从 2013 年党的十八届三中全会开始，当代中国的治国理政进入了第四阶段，即治理型国家的最新发展阶段，这是以习近平为总书记的中央领导集体作出的重大决策。党的十八届三中全会通过的《决定》，确立了全面深化改革的目标之一就是“推进国家治理体系和治理能力现代化”。《决定》共 24 次提到治理，主要有国家治理、政府治理、社会治理、小区治理、治理体系、治理能力、治理体制、治理结构、治理方式、系统治理、依法治理、综合治理、源头治理、第三方治理等提法。由此可见，国家治理不但是一个战略目标任务，而且是各级干部必须掌握的工作方式方法。习近平领导全党开启了当代中国国家治理的全新阶段。

从统治型国家、管制型国家到管理型国家，是一个重大的历史转折；再从管理型国家到治理型国家，更是一个跨越式的飞跃。习近平在《切实把思想统一到党的十八届三中全会精神上来》的讲话中指出，“怎样治理社会主义社会这样全新的社会，在以往的世界社会主义中没有解决得很好。马克思、恩格斯没有遇到全面治理一个社会主义国家的实践，他们关于未来社会的原理很多是预测性的；列宁在俄国十月革命后不久就过世了，没来得及深入探

[1] 《邓小平文选》第 2 卷，人民出版社 1994 年版，第 153 页。

[2] 《邓小平文选》第 2 卷，人民出版社 1994 年版，第 150 页。

索这个问题；苏联在这个问题上进行了探索，取得了一些实践经验，但也犯下了严重错误，没有解决这个问题。我们党在全国执政以后，不断探索这个问题”,也“发生了严重曲折”[1]。系统地总结国家统治和国家管理的经验教训，而不是简单地抛弃统治、管制和管理；适时地跨入治理的新阶段，更好发挥治理的要素和优势，这就是时代赋予我们的机遇和重任。

与国家统治、国家管制和国家管理比较起来，第四个阶段崭新的国家治理具有十分丰富的理论内涵。2014 年 2 月 17 日习近平在省部级主要领导干部学习贯彻十八届三中全会精神全面深化改革专题研讨班题为“推进国家治理体系和治理能力现代化”的讲话中，明确指出:“我国今天的国家治理体系，是在我国历史传承、文化传统、经济社会发展的基础上长期发展、渐进改进、内生性演化的结果。我国国家治理体系需要改进和完善,但怎么改、怎么完善，我们要有主张、有定力。中华民族是一个相容并蓄、海纳百川的民族，在漫长历史进程中,不断学习他人的好东西,把他人的好东西化成我们自己的东西，这才形成我们的民族特色。”[2] 这表明，在习近平阐述的中国国家治理的思想中，包含着两层重要的含义。一是不能割断与本国历史和文化的联系，也不能割断与世界社会主义历史和社会主义国家已有的实践之间的联系，重要的是要善于从中总结经验教训，而且，现在实行国家治理，还需要包含既往的国家统治、国家管制和国家管理的合理因素，仍然要坚持无产阶级专政的国家统治，坚持已经成熟的、行之有效的管制、管理方面的相关规章制度。二是对国外的治理理论和治理的经验与做法,既不能生搬硬套,也不能排斥拒绝，而要很好地进行吸收借鉴，尤其是当代西方国家自 20 世纪 90 年代兴起的治理理念和思潮，主张从一家统管操控到提倡多方合作协力，达到国家、市场、社会、公民之间的相互包容性的法治、德治、共治、自治，显然对于中国具有重要的启发意义。

[1] 习近平:《切实把思想统一到党的十八届三中全会精神上来》,《人民日报》2014 年 1 月 1 日。

[2] 习近平:《推进国家治理体系和治理能力现代化》,《人民日报》2014 年 2 月 18 日。

| 第三章 |

国家治理的现代化

国家治理与现代化有着密切的内在关系，现在讲国家治理问题，就是以现代化的发展为背景和载体的。现代化带来了经济一体化，使经济组织、社会组织和各种活动群体，成为新的公共治理领域的主体；信息技术的广泛应用，使各方参与治理成为一种需求和可能；民主的持续发展，意味着国家与市场、社会、公民之间必须保持良好的合作，意味着利益攸关的各方能够共享。国家治理必须着眼于现代化，并以现代化为依归。国家治理也离不开现代化，现代化成为国家治理的必然落脚点。正因为这样，党的十八届三中全会《决定》提出“推进国家治理体系和治理能力现代化”，鲜明地突出了现代化。

一、何谓现代化

现代化，是中国实行改革开放以来最为响亮也最为人熟知的一个概念。现代化，不但成了人们经济、政治、文化和社会生活中的流行语、常用语，而且成为执政党的指导思想和国家发展的趋势方向。标志着进入改革开放新时期的党的十一届三中全会，在《公报》中就明确提出了“把工作着重点转移到社会主义现代化建设上来”“实现农业、工业、国防和科学技术的现代化”（即“四个现代化”）“把我国建设成为社会主义的现代化强国”。直至党的十七大报告、十八大报告确立了“建设富强民主文明和谐的社会主义现代化国家”的宏伟目标为止，现代化始终构成当代中国的主旋律，成为最强烈的音符之一。

现代化（Modernization），在英语中是一个动态的名词，是要使其成为现代（to make modern）的意思。Modern（现代）这个词，在欧洲文艺复兴时期的著作里首先使用，人文主义者用它来表达与中世纪时代（农耕时代）相对立的一个新时代。因此，从最早提出的“现代”到后来出现的“现代化”，就是指从农业社会转型为工业社会，使农业社会所具有的典型特征转变为工业社会所具有的典型特征。这样的转型，产生了巨大的社会变迁，一般来说，有着12个方面的显著转变、普及和普遍化，即从手工劳动转向机器操作，自然经济转向市场经济，社会固态转向社会流动，消息闭塞转向信息传播，习俗惯例转向规章制度，保守单一转向开放多元，乡村分散转向都市集中，闭关锁国转向国际交流，文盲转向知识，愚昧转向科学，人治转向法治，专制转向民主。这12个方面的变化，可概括为以下的“12化”。

机械化。机械化是指在生产过程中直接运用电力或其他动力来驱动或操纵机器设备以代替手工劳动进行生产的措施或手段。正因为这样，机械化和机器化几乎是同等的概念。在利用机器生产过程中，如果人参与的活动比较多，称为“半机械化”；而如果人只是站在生产过程旁做一些辅助性的工作，如对开关的控制等，生产成为自动的流水线，则是“全机械化”。机械化是提高劳动生产率、减轻人的体力劳动的重要途径。机械化是工业社会和农业社会最显著的区别，工业社会依靠机器劳动，农业社会则是手工劳动，完全依靠人力和风、水、牲畜等自然力。机械化和工业化，也有相同的一面，但工业化是一个具有更大内涵的概念。我国学者、著名工业史专家方显廷教授，早在1938年就提出工业化具有广义和狭义两层含义：“工业化一词，有广狭二义。狭义之工业化，专指工业本身。凡一国之工业，已引用机械动力及工厂组织以从事生产者，称为已臻工业化。广义之工业化，则指一国所有之生产事业，均已追随工业化工业之后，利用新式机械与大规模之组织方式而言。”[1]狭义

[1] 转引自杨叔进：《中国的工业化与资本来源问题》，《经济建设季刊》1943年第2期。

的工业化仅指其工业本身，即与机械化相同。广义的工业化则指整个经济领域和社会组织各方面，即与现代化相同。

信息化。信息化是指以计算机为主的智能化工具为代表的新生产力，智能化工具又称信息化的生产工具，需具备信息获取、信息传递、信息处理、信息再生、信息利用的功能。信息化不仅是一种生产力，而且是一个具有庞大规模的、自上而下的、有组织的信息网络体系，改变着人们的生产方式、工作方式、学习方式、交往方式、生活方式、思维方式等，使人类社会发生极其深刻的变化。

科技化。科技是科学与技术的通称，通常人们掌握了科学的原理，就会产生利用该原理的技术。科学技术是通过研究和利用客观事物存在及其相关规律，达到有效、便捷、低消耗、高产出等特定目的的方法和手段。科学技术有四个方面的基本内容：科学精神意识、科学思想思维、科学方法手段、科学知识理论。马克思主义认为，“科学技术是第一生产力”，科学技术对工业社会的经济发展起着决定性作用，是推动各行各业发展的关键因素，对人类社会的发展进步具有重大影响。

市场化。市场化是以建立市场型管理体制为重点，以市场经济的全面推进为标志，以社会经济生活全部转入市场轨道为基本特征的。把特定对象按照市场原理进行组织的行为，通过市场化，实现资源和要素优化配置，从而提高社会效率，推动社会进步。市场化带来了商品的流动和经济的开放，打破了农业社会的自然经济和封闭的状态。

社会化。社会化是个体认识与适应社会，由自然人到社会人的转变过程。它是通过个体与社会环境相互作用而实现的，是一个逐步内化的过程。以自然经济为特征的封建社会的经济活动，使人的社会化离不开血缘和狭小的地区范围，造成人的狭隘、保守和落后；以社会化大生产为特征的工业社会，使人的社会化扩大到很广的范围，形成开放、进取和进步的精神。社会化还包含生产、生活、服务等活动的广泛普及。

国际化。国际化是指国与国之间在政治、经济贸易上的互相依存，国际间的联系不断增强。国际化的经济活动，是设计和制造容易适应不同区域要求的产品的一种方式。国际化和另一个概念——全球化有着相同的含义。随着人类全球交往的增多，人类生活在全球规模的基础上发展以及全球意识的崛起，开始把全球视为一个整体。国际化、全球化对人类社会产生了愈益深刻的影响。

城镇化。城镇化是指农村人口不断向城镇转移，第二、三产业不断向城镇聚集，从而使城镇数量增加，城镇规模扩大的一种历史过程，它主要表现为随着一个国家或地区社会生产力的发展、科学技术的进步以及产业结构的调整，其农村人口居住地点向城镇的迁移和农村劳动力从事职业向城镇第二、三产业的转移。城镇化的过程也是各个国家在实现工业化、现代化过程中所必然经历的社会变迁。一般来说，城镇化的实现要求其城镇人口达到70%—80%。

知识化。知识化是以智能化网络化信息工具的广泛应用为基础，知识被高度应用，知识资源被高度共享，从而使得人的智能潜力以及社会物质资源潜力被充分发挥，个人行为、组织决策和社会运行趋于合理化的理想状态。同时，知识化也是知识产业发展与知识在社会经济各部门扩散的基础之上，不断运用与创新知识来改造传统的经济、社会结构从而通往如前所述的理想状态的一个持续的过程。对于社会成员来说，知识化本质上是学习与创新的过程，是普遍具有一定程度的知识文化水平和知识积累。随着知识化的发展，人类社会和经济的各个方面发生深刻的变革，各种社会活动的功能和效率大幅地提高，从而达到人类社会更高的新的物质和精神文明水平。

民主化。民主在英文中是democracy，它源自古希腊文，demos为人民，kratein为统治，意指“人民的统治”。民主是在一定的社会范围内，按照平等和少数服从多数的原则来共同管理公共事务的制度。在民主政治体制下，全体公民以直接或间接选举的方式，让选出的代表行使权力。民主化就是指从其他政权形态转变成民主政体的过程。民主化也是一个社会化的过程，是长期而且连续的历史过程，可以发生在各种社会领域，例如经济民主化、社会民主化等。

法治化。法治是与人治根本对立的，两者是截然不同的两种治国理念。人治强调个人权力在法律之上，而法治理念正好与其相反。要法治就不要人治，要人治就没有法治。法治包含两个部分，即形式意义的法治和实质意义的法治，是两者的统一体。形式意义的法治，强调“依法治国”“依法执政”的治国方式、制度及其运行机制；实质意义的法治，强调“法律至上”“法律主治”“制约权力”“保障权利”等价值、原则和精神。形式意义的法治应当体现法治的价值、原则和精神，实质意义的法治也必须通过法律的形式化制度和运行机制予以实现，两者均不可或缺。法治以民主和自由为基础，需要民主和自由的支撑、推动的力量；而民主和自由也需要法治的保障，需要法治的切实贯彻实施。

制度化。制度是要求大家共同遵守的办事规程或行动准则，用以实现某种功能和特定目标的社会组织乃至整个社会的一系列规范体系。汉语中“制”有节制、限制的意思，“度”有尺度、标准的意思。这两个字结合起来，表明制度是节制人们行为的尺度。制度化则是指群体和组织的社会生活从特殊的、不固定的方式向被普遍认可的固定化模式的转化过程。制度化是群体与组织发展和成熟的过程，也是整个社会生活规范化、有序化的变迁过程。从这个意义说，制度化也即规范化。

多元化。多元是指不同种族、民族、宗教或社会群体在一个共同文明体或共同社会的框架下，持续并自主地参与及发展自有传统文化或利益。多元是一种客观存在，是现代社会的最重要特征之一。在多元社会中，不同族群相互间展示尊重与容纳，从而可以安乐共存、相互间没有冲突。多元也是科学、社会、经济等发展的关键性推动力量。所谓多元化，就是从多元出发，把工业社会和经济发展产生的企业、公司、商会等生产经营性组织和学校、社团、教会等社会生活性组织，都看成是多元社会中的一个主体，形成多元化主体。

显而易见，以上“12化”就是人类从农业社会转型为工业社会，进入现代化社会之后后者与前者形成的鲜明对比和典型特征。现代化的“12化”是农业社会所不可能具备的，因此，离开这“12化”也就没有现代化可言。

二、国家治理现代化的含义

现代化是人类文明的新提升，是社会形态发展的新阶段，也是对人和社会全面的全新的变革。现代化是各国面临的共同任务和必走的道路，不走这条必由之路就注定要被历史所淘汰。国家要走向现代化，国家治理当然也要走向现代化。治理是20世纪末国家在政治和公共行政领域发生的影响深远的大变动，是国家上层建筑必须适应经济基础发展需要的表现。讲治理，归根到底是为了在现代化的大趋势下和语境下，把国家、市场、社会、公民以及各方面的关系处理得更好，使治国理政更加有效。因此，在中国共产党提出“推进国家治理体系和治理能力现代化”的命题中，最关键的是把“国家治理体系和治理能力”的落脚点和归宿放在“现代化”上。因此，对于“国家治理体系和治理能力现代化”的简洁表述，就是“国家治理现代化”。只有以现代化为旨向依归，才能识解和把握国家治理问题，才能更好地领会国家治理所蕴含的深刻含义。

如本书前面章节所述，治理是自古以来就有的。治理经历了原始社会的原始治理状态，进入奴隶社会、封建社会之后，随着阶级的产生、国家的形成，治理又成为处置国家政务的活动，即治国理政。这样的治理就是按照统治者的意志治理朝政、治理国事，具有强烈的人治、专制的本质特征。毫无疑义，奴隶制、封建制时代的国家治理，当然不是当代所需要的国家治理。我们讲当代的国家治理，必然要着眼于现代化，从现代化的角度加以审视。如果离开现代化，究竟是什么样的国家治理，都不可能讲清楚了。

尽管现代化是一个庞大复杂的体系，现代化的景象令人目不暇接，然而，现代化并非杂乱无章、捉摸不定。依据马克思主义的历史唯物论，现代化有着井然有序的结构层次，清晰可见；贯穿其间的规律是稳定的，足资遵循。马克思阐明的历史唯物主义重要原理，主要有三：一是生产力决定生产关系，生产关系一定要适合生产力的现实状况；二是经济基础决定上层建筑和思想文化意识形态，而经济基础不过是生产关系的所有制形式、交换形式、分配形式的总和；三是生产关系、上层建筑和思想文化意识形态不是完全被动的、无为的，生产关系对于生产力、上层建筑和思想文化意识形态对于经济基础具有反作用。按照历史唯物主义的这三条原理，现代化的“12 化”实际上表现为三个层次的现代化。第一个层次是生产力的现代化，即生产领域的机械化、信息化、科技化。第二个层次是经济基础的现代化，主要是经济社会关系方面经济交往和社会交往的市场化、社会化、国际化、城镇化、知识化。第三个层次是上层建筑和思想意识形态的现代化，即国家所涉及的经济、政治、文化、社会、生态、政党等诸方面治理的民主化、法治化、制度化、多元化。凡致力于建设现代化的国家，就要从三个层次大力推进现代化的发展。

不难看出，现代化带来的 12 个广泛的变化，并不都与国家治理有着直接、密切的关联度，现代化也并不等同于国家治理现代化。从机械化、信息化、科技化来看，这主要属于生产力和劳动生产率的范畴层面。从市场化、社会化、国际化、城镇化、知识化来看，主要属于经济和社会发展的范畴层面。只有民主化、法治化、制度化、多元化，涉及国家机构这样的上层建筑以及意识形态，因此，它们才与国家治理息息相关，是构成现代化的核心元素。

那么，究竟何为国家治理现代化呢？应该说通过以上梳理已十分清楚了，民主化、法治化、制度化、多元化是国家治理现代化的基本含义和内在规定。国家治理要走向现代化，就要求国家的公共事务治理必须达到民主化、法治化、制度化、多元化。“四化”使国家治理更有章法，更富有效率。

习近平指出，国家治理体系是“管理国家的制度体系”，包括一系列“体制机制”“法律法规”和“一整套紧密相连、相互协调的国家制度”[1]。国家治理要实现现代化，首先，必须强调民主化与法治化，国家治理和制度安排都必须保障主权在民和人民当家作主，保证宪法和法律成为国家治理的最高权威。实施现代化的国家治理，必须树立“法治中国”理念，坚持依法治国、依法执政、依法行政，推进法治国家、法治政府、法治市场、法治社会、法治公民的建设。其次，必须强调制度化与多元化，突出国家制度和体制机制建设。中国的国家制度体系，是由根本政治制度、基本政治制度和基本经济制度，以及经济、政治、文化、社会、生态文明建设和党的建设等各领域的具体体制机制构成的。现代化的国家治理必须突出制度化建设与促成多元化格局，即在党的领导和国家主导之下建构多元主体参与的协同治理，形成系统完备、科学规范、运行有效的治理制度体系。实现现代化的国家治理，就要使中国各方面的制度更加成熟、更加定型。这样的治理制度体系，也有利于多元主体的协调治理。

三、中国共产党对现代化的不懈追求

现代化是人类社会不可抗拒的历史大趋势。国家治理现代化的形成和提出，是中国共产党高度重视现代化、不懈追求现代化的结果。中国共产党对于现代化和国家治理现代化的认识和阐释横跨了半个多世纪，展示了现代化和国家治理现代化的清晰脉络与丰富的内在关系。在自20世纪中叶以来的近70年时间里，中国共产党先后共九次对现代化和国家治理现代化作出了论述。

一是关于“工业化和农业近代化”“机械化”的论述。毛泽东在1945年的《论联合政府》中明确提出工业、农业现代化的问题，他说：“为着中国的工业化和农业近代化而斗争。”[2]新中国成立后，毛泽东继续思考社会主义与现代化的问题，1954年6月14日他在《关于中华人民共和国宪法草案》的讲

[1] 习近平:《切实把思想统一到党的十八届三中全会精神上来》,《人民日报》2014年1月1日。

[2] 《毛泽东选集》第3卷，人民出版社1991年版，第1081页。

话中说："我们的总目标，是为建设一个伟大的社会主义国家而奋斗。我们是一个六亿人口的大国，要实现社会主义工业化，要实现农业的社会主义化、机械化。"[1] 这里所出现的工业化、近代化、机械化，都是对现代化的不同的表述。

二是关于"工业、农业、国防和科学技术的现代化"即"四个现代化"或"四化"的论述。从1959年末至1960年初，毛泽东在读苏联《政治经济学教科书》笔记中，提出了"工业现代化，农业现代化，科学文化现代化，国防现代化"的"四个现代化"。1964年周恩来在全国人大三届一次会议上作《政府工作报告》，正式把"四个现代化"表述为"全面实现农业、工业、国防和科学技术的现代化"。"四个现代化"是从主要的产业和行业领域来表述现代化的。

三是关于"社会主义的现代化的强国"的论述。在形成"工业、农业、国防和科学技术的现代化"的"四化"认识后，1964年毛泽东还把"四化"上升到一个新的高度，即通过"四化"，要"把我国建设成为一个社会主义的现代化的强国"[2]。"社会主义的现代化的强国"，也就是毛泽东说的"伟大的社会主义国家"。社会主义现代化强国，成了中国国家建设的总目标。

四是关于"社会主义现代化建设"的论述。1978年党的十一届三中全会提出了"社会主义现代化建设"[3]，对于社会主义现代化建设，邓小平给予了高度重视。他认识到，"四个现代化"并不是"社会主义现代化建设"的全部内容，而"社会主义现代化建设"的内容应该延伸到更多的范围，包括经济现代化、政治现代化、法制现代化、社会现代化、教育现代化、人的现代化等诸多方面。他指出："现代化建设的任务是多方面的，各个方面需要综合平衡，不能单打一。"[4] 由此可见，社会主义现代化建设是全面的现代化建设，社会主义现代化是全面现代化。

---

[1] 《毛泽东文集》第6卷，人民出版社1999年版，第329页。

[2] 《毛泽东文集》第8卷，人民出版社1999年版，第341页。

[3] 《三中全会以来重要文献选编（上）》，人民出版社1982年版，第1页。

[4] 《邓小平文选》第2卷，人民出版社1994年版，第250页。

五是关于“民主化”“制度化”“法律化”的论述。1979年邓小平在《坚持四项基本原则》等文章中指出：“没有民主就没有社会主义，就没有社会主义的现代化。”“民主化和现代化一样，也要一步一步地前进。社会主义愈发展，民主也愈发展。”[1]要实现“社会主义国家的民主化”[2]，“使民主制度化、法律化”[3]。邓小平非常清楚，现代化当然不能没有民主化、制度化、法律化（法治化）。民主化、制度化、法律化的提出，反映了党的十一届三中全会决定改革开放后对现代化的新认识。

六是关于干部要“革命化、年轻化、知识化、专业化”的论述。1980年8月，邓小平在中共中央政治局扩大会议上提出，选干部要注意德才兼备，“所谓德，最主要的，就是坚持社会主义道路和党的领导。在这个前提下，干部队伍要年轻化、知识化、专业化，并且要把对于这种干部的提拔使用制度化”[4]。同年12月，邓小平在中共中央工作会议上又指出：“要在坚持社会主义道路的前提下，使我们的干部队伍年轻化、知识化、专业化，并且要逐步制定完善的干部制度来加以保证。提出年轻化、知识化、专业化这三个条件，当然首先是要革命化，所以说要以坚持社会主义道路为前提。”[5]1982年12月，在党的十二大上，干部“四化”标准被写入了大会通过的新党章。干部“四化”中的“知识化”就是指拥有相当高的知识文化水平，专业化也主要指“科技化”。

七是关于“社会主义现代化国家”的论述。1987年党的十三大报告提出“把我国建设成为富强、民主、文明的社会主义现代化国家”，这是在毛泽东提出的“社会主义的现代化的强国”的基础上作出的相类似的新表述。这个新表述，不仅提出了“社会主义现代化国家”的概念，而且还明确地规定了“强国”的内涵是“富强、民主、文明”。此后，这样的社会主义现代化国家内涵规定，

[1]《邓小平文选》第2卷，人民出版社1994年版，第168页。
[2]《邓小平文选》第2卷，人民出版社1994年版，第169页。
[3]《邓小平文选》第2卷，人民出版社1994年版，第146页。
[4]《邓小平文选》第2卷，人民出版社1994年版，第326页。
[5]《邓小平文选》第2卷，人民出版社1994年版，第361页。

为党的十四大至十六大报告所沿用。2007年党的十七大报告进一步提出,“建设富强民主文明和谐的社会主义现代化国家”,又增加了“和谐”的内容,这在党的十八大报告和十八届三中全会的《决定》中也得到了肯定和使用。

八是关于“工业化、信息化、城镇化、市场化、国际化”,“坚持走中国特色新型工业化、信息化、城镇化、农业现代化道路”的论述。2007年党的十七大报告指出“立足社会主义初级阶段这个最大的实际,科学分析我国全面参与经济全球化的新机遇新挑战,全面认识工业化、信息化、城镇化、市场化、国际化深入发展的新形势新任务”。2012年党的十八大报告更明确地指出,“坚持走中国特色新型工业化、信息化、城镇化、农业现代化道路,推动信息化和工业化深度融合、工业化和城镇化良性互动、城镇化和农业现代化相互协调,促进工业化、信息化、城镇化、农业现代化同步发展”。这里,除了工业化、农业现代化有所重复之外,“信息化、城镇化、市场化、国际化”是关于现代化的新增添的提法。

九是关于“国家治理体系和治理能力现代化”的论述。2013年党的十八届三中全会通过的《决定》,阐明要“推进国家治理体系和治理能力现代化”,提出要搞好政府治理、社会治理、社区治理、系统治理、依法治理、综合治理、源头治理、第三方治理等多方面的国家治理。“推进国家治理体系和治理能力现代化”,包含着国家治理体系和治理能力两个主要方面的现代化。

从上述中国共产党认识和阐释现代化的过程来看,如果合并了其中的相同部分,迄今为止,中国共产党已形成了对于现代化的16个提法,即:机械化、工业现代化、农业现代化、国防现代化、科学技术现代化、社会主义现代化国家、社会主义现代化建设、民主化、制度化、法律化、知识化、信息化、城镇化、市场化、国际化、国家治理体系和治理能力现代化。这16个有关现代化的提法,不但几乎涵盖了学术界普遍认同的现代化所具有的“12化”要素,而且还具有关于现代化独特新颖的语汇。分析这些提法,其间蕴涵着三个丰富的内在关系。

第一，划分了现代化的不同层次。在现代化的16个提法中，社会主义现代化国家、社会主义现代化建设等提法是关于现代化的总体提法，相比于其他诸方面的现代化提法，居于目标性、总体性的层次上，具有统摄的作用；机械化、工业现代化、农业现代化、国防现代化、科学技术现代化、民主化、制度化、法律化、知识化、信息化、城镇化、市场化、国际化、国家治理体系和治理能力现代化等提法则是关于现代化的具体提法，居于手段性、方式途径的层次上，它们是为社会主义现代化国家、社会主义现代化建设这样的总目标而服务的。

第二，揭示了现代化的社会性质。无论是社会主义工业化、农业的社会主义化，还是社会主义现代化国家、社会主义现代化建设等提法，都有明确的“社会主义”的限定词，这强调了中国的现代化具有鲜明的社会主义属性，现代化建设的其他各个方面，也都要从属于社会主义。世界上各国实现现代化的道路是不同的，西方国家走的是对内剥削压迫、对外扩张掠夺的资本主义道路，这样的现代化在本质上充满了暴力和血腥。中国的现代化，走的是社会主义的道路，依靠的是全体人民的团结、智慧和力量，在本质上充满着和平与和谐。

第三，着力于对现代化的透彻理解。中国共产党关于现代化的具体提法，其中的工业、农业、国防和科学技术的现代化，主要从生产力和物质基础的层面探索现代化的要求；而国家治理体系和治理能力现代化，主要从上层建筑和思想文化意识形态的层面探索现代化的要求。这说明，中国共产党遵循着历史唯物主义的社会结构和社会发展的科学路径，去认识和解决现代化问题，使人们对于现代化的整体把握显得更加深刻，达到了新的境界。

四、国家治理现代化是“第五化”

追溯中国共产党对于现代化诸多方面的提法，值得注意的是，中国共产党更强调的是其中的工业、农业、国防、科学技术的现代化与国家治理体系和治理能力现代化这五个方面。何以见得？因为这清楚地表现为：

首先，中国共产党把“工业、农业、国防和科学技术的现代化”称之为“四个现代化”，并庄严地载入了《宪法》的总纲部分，明确要求“逐步实现工业、农业、国防和科学技术的现代化”，这使得“四化”深入人心、老少妇孺皆知，全国人民都为之而奋斗。

其次，国家治理体系和治理能力现代化是当前中国共产党认识现代化的最新理论成果，在党的十八届三中全会的《决定》中，已把它列为全面深化改革的总目标之一，成为统领全面深化改革、指导攻坚克难的行动指南。

再次，工业、农业、国防和科学技术的现代化，实际上可以涵盖和体现为机械化、信息化、科技化、城镇化、市场化、国际化、知识化等内容，而国家治理体系和治理能力现代化则可以涵盖和体现民主化、制度化、法律化等内容。从这样的意义上说，中国共产党所有关于现代化的具体提法，都可以归结为现代化的这五个方面要素。正因为这样，国内理论界有学者认为，“可以把推进国家治理体系和治理能力现代化，看成是工业、农业、国防、科技‘四个现代化’之后的‘第五个现代化’”[1]。

作为“第五个现代化”的“国家治理体系和治理能力现代化”，可以进一步归结统称为“国家治理现代化”。之所以把“第五个现代化”称为“国家治理现代化”，这是因为：其一，“国家治理现代化”是最大公约数，具有最大的涵容量，它既包含了国家治理体系的现代化，也包含了国家治理能力的现代化；其二，国家治理是指一国范围内的所有治理，它既包含了经济、政治、文化、社会、生态文明、国防军队和党的建设等各个领域的治理，也包含了政府治理、政党治理、市场治理、社会治理、小区治理、第三方治理、源头治理等各个方面的治理。总之，只有把国家治理现代化确定为“第五化”，才是与前面的“四化”相适应、相匹配的。工业、农业、国防、科学技术的现代化和国家治理现代化共同构成“五化”。“五化”成为整个现代化中最重要的、

[1] 施芝鸿：《努力实现中国“第五个现代化”》，《经济日报》2013 年 12 月 2 日。

突出的方面。

把国家治理现代化作为继工业现代化、农业现代化、国防现代化、科学技术现代化之后的“第五化”，这是具有创新性的见解，是对中国共产党认识现代化的全面归纳总结。马克思主义把社会形态解构为生产力（物质基础）、生产关系（经济基础）、上层建筑以及意识形态三个方面，毛泽东、周恩来老一辈革命家提出“四化”，主要从生产力和物质基础的层面探索现代化。在改革开放新时期，邓小平继续坚持“四化”的现代化之路，但他更侧重于现代市场经济问题，主要从生产关系即经济基础、经济体制的层面探索现代化。现在，习近平强调国家治理体系和治理能力问题，主要是从上层建筑和思想文化意识形态的层面探索现代化。显而易见，随着国家治理体系和治理能力现代化的“第五化”的确立，按照历史唯物主义的科学分析框架，弥补了此前“三缺一”的不足，使我们对于现代化的整体认识臻于完善、步入佳境。

第四章

中国特色的国家治理体系

国家治理，应在适合本国的基本情况下形成一套科学有效的体系。中国必须坚持自己的国家性质，即符合科学社会主义的本质特征，立足于国情、社情、民情、政情、党情，从实际出发，构建中国特色的国家治理体系。中国特色的国家治理体系，必须坚持科学治理、民主治理、法治治理和学习借鉴的原则，通过树牢目标理念、突出法治建设、加强顶层设计、夯实社会基础、推进各项改革和不断完善国家制度体系，才能走出中国自己独特的国家治理之路。

一、中国特色社会主义的科学内涵

中国共产党提出的国家治理问题，其完整的表述是："完善和发展中国特色社会主义制度，推进国家治理体系和治理能力现代化。"这表明，推进国家治理体系和治理能力现代化，是与完善和发展中国特色社会主义制度紧密联系的，坚持中国特色社会主义，是推进国家治理体系和治理能力现代化的题中应有之义，推进国家治理体系和治理能力现代化是完善和发展中国特色社会主义制度的具体路径、方式。因此，致力于推进国家治理体系和治理能力现代化，要求构建中国特色社会主义的国家治理体系。

中国特色社会主义，是邓小平在1982年9月党的十二大开幕词中提出来的。他指出："把马克思主义的普遍真理同我国的具体实际结合起来，走自己的道路，建设有中国特色的社会主义。"[1] 邓小平提出的"中国特色社会主义"是一个科学的命题，它包含两层含义：一是搞社会主义，必须具有中国特色；二是中国特色不是什么别的，它符合社会主义的基本属性。对此，习近平明确指出："中国特色社会主义是社会主义而不是其他什么主义，科学社会主义基本原则不能丢，丢了就不是社会主义。"[2] 由此可见，什么是中国特色社会主义呢？可以简明扼要地列出一个公式：

中国特色社会主义=科学社会主义基本原则+中国特色

那么，什么是科学社会主义基本原则呢？科学社会主义基本原则就是马克思、恩格斯对社会主义社会本质特征的论述，主要集中在《1844年经济学哲学手稿》《共产主义原理》《共产党宣言》《资本论》《哥达纲领批判》《反杜林论》《社会主义从空想到科学的发展》等著作里。归纳起来，主要包括以下七个方面：

一是发达的社会生产力。马克思主义认为，社会主义社会的前提条件和物质基础，是大工业的充分发展和发达的社会生产力。马克思指出，社会主义必然代替资本主义的客观物质基础是自然科学和工业的大规模发展，"自然科学展开了大规模的活动并且占有了不断增多的材料。……通过工业日益在实践上进入人的生活，改造人的生活，并为人的解放作准备"[3]。恩格斯也指出，在英、美、法、德的这些国家里，"共产主义革命发展得较快或较慢，要看这个国家是否工业较发达，财富积累较多，以及生产力较高而定"[4]。他们还指出，无产阶级夺取政权后，社会主义使生产力获得更大的发展，生产力将达到高度的水平。

---

[1] 《邓小平文选》第3卷，人民出版社1993年版，第3页。

[2] 《习近平谈治国理政》，外文出版社2014年版，第22页。

[3] 《马克思恩格斯全集》第42卷，人民出版社1979年版，第128页。

[4] 《马克思恩格斯选集》第1卷，人民出版社1972年版，第221页。

二是生产资料归全社会所有。马克思、恩格斯认为，在社会主义社会里，在社会化生产高度发展的基础上，实现了生产资料归全社会所有，即实现了单一的生产资料公有制。《共产党宣言》更公开申明："共产党人可以把自己的理论概括为一句话:消灭私有制。"[1] 为什么要消灭私有制呢？这是生产力发展的必然结果，生产力的巨大发展要求废除资本主义私有制，因为生产资料的资本主义私有制严重阻碍了社会化生产的发展。

三是个人消费品实行按劳分配。马克思认为，对社会成员的生活资料实行按劳分配，是社会主义社会的一个基本经济规律。在《哥达纲领批判》中，马克思把未来新社会划分为"共产主义社会第一阶段"和"共产主义社会高级阶段"。明确指出，在共产主义第一阶段上实行"一种形式的一定量劳动同另一种形式的同量劳动相交换"[2]，即按劳分配的原则。

四是消灭了阶级、阶级差别和阶级斗争。在社会主义社会里，已经消灭了剥削制度和剥削阶级，人人参加劳动，生产劳动已不再成为某一个阶级的属性。人与人之间的关系，摆脱了阶级对立和阶级压迫，阶级斗争已经消灭。马克思指出，社会主义"不承认任何阶级差别，因为每个人都像其他人一样只是劳动者"[3]，人人成为互助合作的同志。

五是国家已失去了政治性质。马克思、恩格斯探讨了无产阶级革命胜利后国家演进的问题。在 1848 年至 1850 年，马克思曾经认为，在共产主义完全建成以前，国家的发展将经过四个阶段，即社会共和国→社会主义共和国→社会共产主义共和国→纯粹共产主义共和国。"社会主义共和国"就是工人阶级自己建立的共和国，而在此之后的"社会共产主义共和国"和"纯粹共产主义共和国"，将是未来社会主义或共产主义的国家形式。在《哥达纲领批判》中，关于从资本主义向社会主义过渡时期的国家，马克思作了明确的回答："同这个时期相适应的也有一个政治上的过渡时期，这个时期的国家只能是无

[1] 《马克思恩格斯选集》第 1 卷，人民出版社 1995 年版，第 286 页。
[2] 《马克思恩格斯选集》第 3 卷，人民出版社 1995 年版，第 304 页。
[3] 《马克思恩格斯选集》第 3 卷，人民出版社 1995 年版，第 305 页。

产阶级的革命专政。”[1] 进入社会主义社会后，无产阶级专政消亡了，国家不再具有政治职能，只保留经济与社会管理的某些职能。

六是人民当家作主，社会生活民主。马克思、恩格斯认为，“民主已经成了无产阶级的原则，群众的原则”[2]。民主，归根到底是属于人民大众的，它鲜明地体现了政治上的平等。人民群众通过争取民主的斗争，达到社会平等、进步的要求。民主的实质是人民当家作主，就是人民自己的管理，实现对社会的治理。社会主义民主是比资本主义民主进步的一个历史阶段，是资本主义民主发展的必然结果，是新型的国家制度、更高类型的民主。

七是逐步实现人的自由而全面的发展。实现人的自由而全面发展，是马克思主义的崇高价值目标和理想追求，共产主义社会就是“每个人的自由发展是一切人的自由发展的条件”[3] 的理想社会形态。马克思、恩格斯指出，从未来的社会主义社会发展到共产主义社会后，个人消费品的分配将实行按需分配的原则，将形成“自由人联合体”，从而解放全人类，实现人的自由而全面的发展。

以上是马克思、恩格斯对未来社会主义社会进行预测后而提出的科学社会主义的七大本质特征，这就是必须遵循的基本原则。由于马克思、恩格斯提出的本质特征，是建立在对资本主义向社会主义发展的必然趋势的分析基础上，因而具有普遍的指导意义。但是，这些本质特征所形成的基本原则，不可能也没有提供更多、更具体的环节和细节，在运用这些基本原则时，要根据实际情况随时作出适当的修正和调整。

明确了科学社会主义基本原则后，那么，什么又是中国特色呢？党的十八大报告指出，“发展中国特色社会主义是一项长期的艰巨的历史任务，必须准备进行具有许多新的历史特点的伟大斗争。我们一定要毫不动摇坚持、与时俱进发展中国特色社会主义，不断丰富中国特色社会主义的实践特色、理论特色、民族特色、时代特色”。由此可知，中国特色就是“实践特色、理

[1] 《马克思恩格斯选集》第 3 卷，人民出版社 1995 年版，第 314 页。

[2] 《马克思恩格斯全集》第 2 卷，人民出版社 1957 年版，第 664 页。

[3] 《马克思恩格斯选集》第 1 卷，人民出版社 1995 年版，第 294 页。

论特色、民族特色、时代特色”这四大特色。

实践特色：强调中国特色社会主义要尊重实践、坚持实践第一。鼓励在实践中创造，勇于在实践中探索；坚持在实践中检验，推动在实践中发展。实践特色的最大特点就是，一切从实际出发，循序渐进，“摸着石头过河”。例如，中国最明显的实际就是人口多、底子薄，中国特色社会主义的发展，必须有利于综合国力的提升和人民生活水平的提高。

理论特色：强调中国特色社会主义要坚持理论联系实际，坚持与时俱进，坚持改革创新，要把理论本身视为一个开放的体系，应该得到不断的创新和丰富发展，而不能变成凝固不变的僵化教条。对于马克思恩格斯理论上提出的科学社会主义原则，中国特色社会主义作出了大胆创新，例如，在经济方面，公有制和按劳分配是基本原则，根据我国生产力水平较低且发展不平衡、多层次的特点，逐渐形成了以生产资料公有制为主体、多种经济成分共同发展，以按劳分配为主体并与按生产要素分配相结合的社会主义初级阶段的基本经济制度。在这个经济制度基础上，用市场经济的方式配置资源、组织生产，不断满足人民群众日益增长的物质文化生活需要。又如，在政治方面，人民当家作主是基本原则，而中国在现阶段则要实行党的领导、人民当家作主和依法治国“三统一”的有机结合。以上这些就形成了中国的理论特色。

民族特色：强调中国特色社会主义在普遍性中要有特殊性，要体现中华民族意志，要为实现中华民族伟大复兴而奋斗。普遍性寓于特殊性之中，民族特色可以体现世界性。中国特色，就要体现出中华民族风格，要有符合民族习俗的特点，要有体现民族气魄、民族气节的精神。

时代特色：强调中国特色社会主义要适应经济全球化、世界多极化、科技进步化的潮流。要跟随时代前进，中国特色社会主义就要包容多样、和谐合作、鼓励竞争、推动创新，就要奋发进取、敢为人先，走在时代的前面。

中国特色社会主义的科学内涵，为构建中国特色社会主义的国家治理体系奠定了基础，指明了方向。只有坚持国家治理体系的中国特色，才能既吸收西方国家治理的长处而又与之相区别。毫无疑义，中国的国家治理体系也要努力为坚持科学社会主义基本原则、实现中国特色社会主义作出贡献。

二、中国特色国家治理体系的系统结构

党的十八届三中全会通过的《决定》，明确地把建构国家治理体系作为全面深化改革的重要任务，从而达到有效的国家治理。《决定》提出的国家治理体系，是一个全新的命题，需要加以认真探索、领会要义。对此，习近平指出，“国家治理体系是在党领导下管理国家的制度体系，包括经济、政治、文化、社会、生态文明和党的建设等”[1]。习近平还指出，“国防和军队改革是全面改革的重要组成部分，也是全面深化改革的重要标志”[2]。从习近平的论述中可以看到，国家治理形成一个体系性、系统化的结构，它表现为宏大的治理体系和治理能力系统。

什么是体系呢？体系是指若干物质世界的有关事物或精神世界的某些意识思想相互联系而构成的一个有特定功能的有机整体。如，宇宙世界的星球体系，人类社会的工业体系、思想体系、作战体系等。在人类社会，“行为者和机构把它们的资源、技能、目标混合起来，成为一个长期的联合体——一个体系。”[3]

体系，往往是庞大的。对体系的构成进行分析，可以把它分解为系统、结构、层次三个方面。首先是系统，例如国家治理体系，是由市场经济系统、政权机构系统、宪法法律系统、思想文化系统、社会组织系统、生态文明建设系统、国防军队建设系统、执政党建设系统等八大系统构成一个有机的整体。

构成国家治理体系的系统，本身都具有结构的性质。结构是一系统诸要

[1] 习近平：《切实把思想统一到党的十八届三中全会精神上来》，《人民日报》2014年1月1日。

[2] 习近平：《坚持以强军目标引领改革围绕强军目标推进改革 为建设巩固国防和强大军队提供有力制度支撑》，《人民日报》2014年3月16日。

[3] 转引自俞可平：《治理与善治》，社会科学文献出版社2000年版，第43页。

素之间的组织形态，包括诸要素及组织的序量、张量等。例如在我国，政权组织系统中是包括了政府、人大、政协等在内的各个组织结构；社会组织系统涵盖了工会、共青团、妇联、社区组织以及各种公益、科技、商会类组织等结构。各系统和各结构之间，又有一定的交叉性。例如，宪法法律系统，其自身是一个独立的系统，但又具体地渗入到政权组织系统、社会组织系统、市场经济系统、生态文明建设系统的治理之中。

国家治理体系：系统与结构

系　　统	结　构　构　成
市场经济系统	公司、企业、经济组织、董事会、法人代表
政权机构系统	人大、政府、政协、民主党派
宪法法律系统	各种法律规定、律师协会 法院、检察院、公安机关
思想文化系统	意识形态部门、思想道德教育机构
社会组织系统	工会、共青团、妇联、社区组织 各种公益、科技、行业商会类社会组织 各民间组织等
生态文明系统	资源、环境等生态治理的机构、组织
国防军队系统	中央军委、各战区、各军种
党的建设系统	中央、地方各级党的组织

作为系统的结构，其基本特点是层次。层次是系统结构在组成方面的等级秩序。不同层次具有不同的性质和特征,既有共同的规律,又各有特殊规律。概括起来，治理的结构有四个层次，即治理理念、治理制度、治理的多元组织和治理运行方式。治理的层次实际上体现了治理的全过程：

治理理念——►治理制度——►治理的多元组织——►治理运行方式

基于以上的国家治理体系，中国的国家治理其主要内容涵盖了八大领域的治理。

一是经济领域的市场治理。必须发挥市场在资源分配中起决定性的作用，加快形成企业自主经营、公平竞争，消费者自由选择、自主消费，商品和要素自由流动、平等交换的现代市场体系，着力清除市场壁垒，提高资源分配效率和公平性。

二是政治领域的权力治理。中国的政治权力组织主要有人大、政府、政协等。人大是立法机关，要推动人民代表大会制度与时俱进，支持人大及其常委会充分发挥国家权力机关作用，依法行使立法、监督、决定、任免等职权，加强立法工作组织协调，加强对“一府两院”的监督，加强对政府全口径预算决算的审查和监督。政府是行政机关，要转变政府职能，做到政企、政资、政事、政社四个分开。转变职能的实质是简政放权、自我革命。要向市场放权、向社会放权、向地方放权。转变职能还要统一效能、突出服务。政协是政治协商、参政议政机关，其开展的协商民主是我国社会主义民主政治的特有形式和独特优势，是党的群众路线在政治领域的重要体现。要完善政协制度，规范协商内容、协商程序，更加活跃有序地组织专题协商、对口协商、界别协商、提案办理协商，增加协商密度，提高协商成效。

三是法治领域的宪法和法律治理。中国的国家治理，就是要达到法治中国的根本目的和要求，实现科学立法、严格执法、公正司法、全民守法。党的十八届四中全会提出，必须坚持中国共产党的领导，坚持人民主体地位，坚持法律面前人人平等，坚持依法治国和以德治国相结合，坚持从中国实际出发，更好发挥法治的引领和规范作用，各级领导干部要对法律怀有敬畏之心，牢记法律红线不可逾越、法律底线不可触碰，带头遵守法律，带头依法办事，促进党员、干部带头遵守国家法律法规。

四是文化领域的文化和思想道德治理。现阶段中国的文化分为文化事业和文化产业两大部分。发展文化事业，要构建好现代公共文化服务体系和治理的体制机制。治理文化产业，要培育传统文化产品交易市场，发展大型文化流通企业和物流基地，培育好文化要素市场。文化治理的重点还在于加强思想道德建设，以人为本，以德为先，要大力培育和弘扬社会主义核心价值体系和核心价值观，加强社会主义核心价值体系和核心价值观的宣传普及，加快构建充分反映中国特色、民族特性、时代特征的价值体系。

五是社会领域的社会治理和实行基层群众自治。国家治理的根本和基础，就在于搞好社会治理。社会治理应该激发社会组织的活力。社会组织很重要，很多方面的社会治理，要借助社会组织来进行。激发社会组织活力，创新有效预防和化解社会矛盾体制，健全公共安全体系。社会治理的重心，在于促进城乡社区治理，推进基层群众自治，使基层公共事务和公益事业自我管理、自我服务、自我教育、自我监督。

六是生态文明领域的生态治理。中国生态面临着严重问题，必须加大环境治理和环境保护。现已形成经济建设、政治建设、文化建设、社会建设、生态文明建设五位一体的总体布局，并且要把生态文明建设融入经济建设、政治建设、文化建设、社会建设各方面和全过程。中央明确指出，努力建设美丽中国，实现中华民族的永续发展。在生态文明领域，要加大生态治理，实现绿色发展、循环发展和低碳发展。

七是国防建设领域的军队治理。紧紧围绕建设一支听党指挥、能打胜仗、作风优良的人民军队这一党在新形势下的强军目标，着力解决制约国防和军队建设发展的突出矛盾和问题，创新发展军事理论，加强军事战略指导，完善新时期军事战略方针，构建中国特色现代军事力量体系。要深化军队体制编制调整改革，优化军队规模结构，调整改善军兵种比例、官兵比例、部队与机关比例，减少非战斗机构和人员，推进军队政策制度调整改革，健全军费管理制度。

八是党的建设领域的执政党治理。作为执政党，中国共产党要转变功能，从各种繁杂的事务中解脱出来，主要从事决策建议、监督调节、思想导向等治理活动，利用各种支持资源，充分发挥其政治治理的最高权威作用，并通过政治角色发挥带头作用，依靠各行各业中干部、党员在治理中起到率先垂范的作用。

三、中国特色国家治理体系的构建原则

当代中国构建现代化的国家治理体系，必须充分释放党的十八届三中全会全面深化改革的红利，要更加注重改革的系统性、整体性、协同性，将治理的一般方式和中国国情、民情、社情、政情、党情有机结合，使得国家治理体系体现时代性、把握规律性、富于创造性。为此，在构建中国国家治理体系时，必须贯彻适合中国基本国情、体现中国特色的四个原则。

一是科学治理原则。科学精神，是当代人类从事任何一项活动所必须遵循的，作为中国共产党指导思想之一的就有科学发展观。所谓科学治理，是指通过建立健全既体现科学理念、科学精神，又具有科学规划、科学规则、科学运作的治理体系，并充分利用现代科学技术进行治理。要利用信息技术依托网络优势建立治理信息系统；要遵循科学的决策原则进行治理决策；要提高治理参与主体的能力及素质；要注重绩效，采用科学的方式、方法和工具提升治理绩效，并对治理绩效进行评估及改善。

二是民主治理原则。国家治理要以保证人民当家作主为根本，坚持和完善人民代表大会制度、中国共产党领导的多党合作和政治协商制度、民族区域自治制度以及基层群众自治制度，更加注重健全民主制度、丰富民主形式，充分发挥社会主义政治制度优越性。治理过程中，一要民主决策，决策不仅是政府的事，而要实行和参与主体的共同决策；二要民主参与，广泛发动社会组织和公民参与治理或进行自治；三要民主监督，治理过程公开化、透明化，体现治理的合法性。

三是法治治理原则。法治是治国之重器，良法是善治之前提。坚持法治治理，就要形成完备的法律规范体系、高效的法治实施体系、严密的法治监督体系、有力的法治保障体系，形成完善的党内法规体系。中国现在把党内法规也纳入法治的范畴，作为法治的一个重要部分，成为中国特色社会主义法治体系之一，这是对现有法学理论的创新和发展，是延伸和补充。作为中

国特色的法治治理，必须完善以宪法为核心的法律体系，加强宪法实施；坚持依法治国、依法执政、依法行政共同推进；坚持法治国家、法治政府、法治社会一体建设。加强法治工作队伍建设，增强全民法治观念；加强和改进党对全面推进依法治国的领导。国家法律高于党内法规，党规党纪严于国家法律。法治原则也包含着制度治理，法律本身就是一种制度，称为法律制度。除了法律制度外，人们还要遵守其他有关日常社会生活、工作学习的更多的规章制度的规定。国家治理，也更多地依托于这样的制度治理。例如，坚持用制度管权管事管人，让人民监督权力，让权力在阳光下运行，把权力关进制度的笼子里。

四是学习借鉴原则。当今世界，已进入全球化时代。在全球化时代，各国之间应该相互学习、相互借鉴。在治理理论方面，自 20 世纪 80 年代末以来，西方学者提出了新的见解，深化了对治理的认识，形成了很大的影响。西方治理理论对我国而言，具有一定的参考借鉴作用。习近平指出，“我们推进国家治理体系和治理能力现代化，当然要学习和借鉴人类文明的一切优秀成果”[1]。推进中国的国家治理,首先,要向中国的历史学习。习近平指出,“我国今天的国家治理体系，是在我国历史传承、文化传统、经济社会发展的基础上长期发展、渐进改进、内生性演化的结果。”[2]2014 年 10 月 13 日中共中央政治局进行第十八次集体学习，习近平指出，“在漫长的历史进程中，中华民族创造了独树一帜的灿烂文化，积累了丰富的治国理政经验，其中既包括升平之世社会发展进步的成功经验，也有衰乱之世社会动荡的深刻教训。我国古代主张民惟邦本、政得其民，礼法合治、德主刑辅，为政之要莫先于得人、治国先治吏，为政以德、正己修身，居安思危、改易更化，等等，这些都能给人们以重要启示。治理国家和社会，今天遇到的很多事情都可以在历

[1] 习近平:《牢记历史经验历史教训历史警示 为国家治理能力现代化提供有益借鉴》,《人民日报》2014 年 10 月 14 日。

[2] 习近平:《完善和发展中国特色社会主义制度 推进国家治理体系和治理能力现代化》,《人民日报》2014 年 2 月 18 日。

史上找到影子，历史上发生过的很多事情也都可以作为今天的镜鉴。中国的今天是从中国的昨天和前天发展而来的。要治理好今天的中国，需要对我国历史和传统文化有深入了解，也需要对我国古代治国理政的探索和智慧进行积极总结”[1]。其次，要借鉴国外经验。当代外国的治理理论，是舶来品，需要我们学习，但要在中国发挥作用、能够发展，必须将其中国化，习近平说："一个国家选择什么样的治理体系，是由这个国家的历史传承、文化传统、经济社会发展水平决定的，是由这个国家的人民决定的。……我国国家治理体系需要改进和完善，但怎么改、怎么完善，我们要有主张、有定力。"[2] 构建中国特色的国家治理体系，不是照搬其他国家的政治理念和制度模式，而是要从中国自身的国情和现实条件出发，认真借鉴其有益之处，为我所用。

四、中国特色国家治理体系的显著特点

从 20 世纪末和 21 世纪初开始，中国和西方发达国家一样，注重对治理理论的研究和传播，迈向了治理之路，不断寻求治理的良策。

在治理理论方面，西方学者提出了新的见解，深化了对治理的认识，形成了很大的影响。西方学者认为，治理和统治、管制、管理大相径庭。在主体构成方面，统治、管制、管理的主体只有一个，即政府或国家公共权力机构，治理的主体则是多个，既有政府和国家公共权力机构，还有市场和社会组织，或者没有政府和国家公共权力机构，而有其他诸多的组织。在权力来源方面，统治、管制、管理的权力来自统治阶级和国家授权；治理的权力来自公众认可或社会契约，甚至由公民直接行使权力，实行自治。在手段方法方面，统治、管制、管理以国家、政府下命令、作指示的方式进行控制，权力自上而下一个方向地展开运作；治理则强调对话、协商、沟通、协同、合作、共事，

---

[1] 习近平：《牢记历史经验历史教训历史警示 为国家治理能力现代化提供有益借鉴》，《人民日报》2014 年 10 月 14 日。

[2] 习近平：《完善和发展中国特色社会主义制度 推进国家治理体系和治理能力现代化》，《人民日报》2014 年 2 月 18 日。

权力主要是横向展开，在水平面上多方向平行运作。西方治理理论对我们而言，具有一定的参考借鉴作用，但也千万不能照单全收。因为如果完全按照这样的理论，国家、政府、执政党实际上已经作用不大了。这在发达的西方国家也未必能行，更何况其他国家。

显然，由于我国还处在转型期，是世界上最大的发展中国家，我国的经济、政治、文化、社会、生态文明领域的体制改革尚未完成，与西方发达国家具有健全的法律制度架构、完备的市场经济体系、良好的社会组织发育情况不同，因而，中国的国家治理必须立足于当前中国自身发展的国情、民情、社情、政情、党情的基础之上。又由于中国是社会主义国家，我国的国家治理理应更加突出中国特色社会主义的指导。

习近平指出，中国的“国家治理体系是在党领导下管理国家的制度体系，包括经济、政治、文化、社会、生态文明和党的建设等各领域体制机制、法律法规安排，也就是一整套紧密相连、相互协调的国家制度”[1]。这里所强调的党的领导、国家制度、体制机制、法律法规，就是中国治理体系的核心元素，也是具有中国特色社会主义的基本规定。这些核心元素和基本规定，决定了中国国家治理体系所具有的显著特点，概括地说就是：“两导”，即党的领导、国家主导；“两个坚持”，即坚持社会主义的方向和道路，坚持国家制度建设；“四化”，即实现各项公共事务治理的民主化、法治化、制度化、多元化；“四治”即治理体现为法治、德治、共治、自治。在上述这些显著特点中，最重要的是“两导”，党的领导和政府主导。

在中国国家治理体系中，必须坚持并要加强执政党的领导地位和领导作用。我国宪法确立了中国共产党的领导地位。坚持党的领导，是治国理政的根本要求，是党和国家的根本所在、命脉所在，是推进国家治理体系和治理能力现代化的题中应有之义和最根本的保证。必须加强和改进党对治国理政

[1] 习近平：《切实把思想统一到党的十八届三中全会精神上来》，《人民日报》2014年1月1日。

的领导，把党的领导贯彻到治国理政的全过程。当然，作为执政党，中国共产党要转变功能，从行政事务中解脱出来，专门从事对政权权力机关的决策建议、监督调节、思想导向等，利用各种支持资源，充分发挥其政治治理的最高权威作用：一是通过政策决策的谋划发挥牵引作用，依靠政绩业绩凝聚社会力量；二是通过组织制度和组织网络发挥领导作用，形成治理的优势；三是通过政治角色发挥带头作用，依靠各行各业中干部、党员在治理中起到垂范表率作用；四是通过思想意识形态发挥治理的整合作用。为了更好地坚持并加强党的领导地位和领导作用，必须加强执政党自身的建设制度改革，把党的改革重点放在制度改革上面。

显而易见，中国的国家治理体系明确突出了“国家”的治理，这和西方国家一般只提治理，甚至在治理中还要排斥国家或政府的作用大不相同。在实现有效治理方面，中国当前必须强调国家和政府的作用，因为由于历史的原因，中国社会的自组织能力向来不足。作为国家治理体系主体之一的中国各级政府，必须负起重大责任和作用。库伊曼和弗利埃特认为，政府在治理中的任务包括构建（解构）与协调，施加影响和规定取向，整合与管理三方面。[1] 相比之下，现阶段中国政府在国家治理中的作用更为重大，正如党的十八届三中全会《决定》指出的：“政府的职责和作用主要是保持宏观经济稳定，加强和优化公共服务，保障公平竞争，加强市场监管，维护市场秩序，推动可持续发展，促进共同富裕，弥补市场失灵。”“政府要加强发展战略、规划、政策、标准等制定和实施，加强市场活动监管，加强各类公共服务提供。”无疑，中国各级政府必须在国家治理中起主导作用，即发挥政府在经济建设、政治建设、文化建设、社会建设、生态文明建设中的龙头牵引作用，实现《决定》提出来的“有效的政府治理”。不能把政府等同于一般的社会组织，更不能被边缘化。

之所以强调国家和政府在治理中的作用，是因为正如市场失灵、社会失

[1] 转引自俞可平：《治理与善治》，社会科学文献出版社 2000 年版，第 46 页。

灵那样，治理也有可能失败。现阶段我国市场经济体制还不尽完善，社会组织的发展还处在“先发展、后管理”阶段，包括法律法规在内的制度设计与整个制度体系都还不够完备。为最大限度削减治理失败造成的低效甚至失效等消极影响，为政府、市场、社会的发展提供制度保障、社会动力和监督体系，在“统治—管制—管理—治理”的进程中，特别是在当前我国从管理向治理的转变中，应有一个实行政府主导型治理的过程，即“导理”的过程。因而，在中国推进国家治理体系现代化的过程中，不是简单地表现为“管理—治理”的过程，而是包含有“管理—导理—治理”的过程，即带有从“导理”演进至“治理”的明显特征。虽然“导理”的过程，也即通常说的从管理到治理的转变过程，表现为制度、文化和心理综合性的转变过程，然而十分清楚的是，政府居中起着引导的主导性功能作用。政府的“导理”作用，具体地说有三个方面：第一，政府起着发动机和推进器的角色，承担领导责任，肩负创新使命，把握战略方向，确保制度供给；第二，更好地发挥政府在市场经济中“看得见的手”作用，制定规则体系，做好宏观调控，优化公共服务，保障公平竞争，加强市场监管，促进共同富裕，弥补市场失灵；第三，政府帮助培育和完善各类社会组织，起着引导、规范、约束的作用，并倡导社会责任和培养公共人文精神，推动社会参与。在中国，当前只有实行国家和政府的主导型治理，才能实现有效的治理。为此，必须切实改革政府，转变政府职能，深化行政体制改革，创新行政管理方式，增强政府公信力和执行力，建设法治政府和服务型政府。在创新社会治理方面，必须着眼于维护最广大人民群众的根本利益，最大限度增加和谐因素，增强社会发展活力，提高社会治理水平，全面推进平安中国建设，维护国家安全，确保人民安居乐业、社会安定有序。

中国的国家治理体系，只有坚持了党的领导和以政府治理为主导，才能更好地坚持社会主义的方向和道路，坚持国家制度建设，推进各项公共事务治理的民主化、法治化、制度化、多元化，并达到法治、德治、共治、自治的合作协调治理。

五、中国特色国家治理体系的建设思路

建设中国国家治理体系,必须在中国特色社会主义指导下,走自己的道路,寻求实现通往有效国家治理的正确思路。

一是树牢目标理念。在实施国家治理的进程中，必须树立与当前经济、政治、社会、文化发展水平相适应的价值理念和目标体系，即适应现实的中国国情、中国社会政治生态条件的价值排序,要把“社会公正”“公共利益”“社会稳定”置于与“经济效率”和“发展增长”同等重要的地位，在有条件的情况下，甚至要放在更为重要的位置上。创新治理理念，必须坚持以人为本，实现科学发展；坚持公共利益至上，实现和谐发展；坚持实事求是，实现稳步发展。逐步从人治向法治转变，从管理向服务转变，从权力本位向责任本位转变，从封闭管理向透明治理转变，从政府本位向社会本位转变。

二是加强顶层设计。构建国家治理的体制机制，立足“国家—社会”“政府—市场”的结构，形成以公共权力为核心的多元治理格局，使各种治理权威既有合理的分工，又能形成统一的合力，确定国家治理的方略。体制方面，要理顺政府不同部门之间的权责关系，建立分工合理、权责匹配，既相互制约又相互协调的行政架构。充分发挥市场在资源配置中的决定性作用，不断完善市场经济体制。发展社会组织，塑造公民参与治理的模式。机制方面，要完善协作机制，加强治理主体的沟通、参与、合作、协同、整合。建立信任机制，形成网络运转的互惠规范。健全责任机制，厘清治理主体的权责配置。强化监督机制,形成科学有效的权力制约机制,规范治理主体的行动行为。完善信息交流机制，构建透明运作型的国家治理模式。

三是突出法治建设。建立健全国家治理的法律体系,有效治理包含着“公民安全得到保障，法律得到尊重，特别是这一切都须通过司法独立、亦即法治来实现”[1]。建设法治中国，必须坚持依法治国、依法执政、依法行政共同

[1] 俞可平:《治理与善治》，社会科学文献出版社 2000 年版，第 43 页。

推进，坚持法治国家、法治政府、法治社会一体化建设。进一步深化立法、司法体制改革，树立宪法和法律的至高权威，完善中国特色的法律体系，推进立法、司法的科学化和民主化，保证审判机关、检察机关依法独立公正地行使审判权、检察权。要维护宪法法律权威，健全司法权力运行机制，深化行政执法体制改革，明确行政执法主体，合理分解执法职权，完善行政执法程序，规范行政执法行为，加强执法队伍建设，强化对行政执法的监督。完善人权司法保障制度，健全国家司法救助制度。还要推进基层治理法治化，发挥基层党组织在全面推进依法治国中的战斗堡垒作用，建立重心下移、力量下沉的法治工作机制。

四是推进深化改革。实现中国国家治理，必须走全面深化改革之路，尤其是加大政治体制改革力度。贯彻党的十八届三中全会精神，推进政治改革的任务主要有:其一，推进执政党改革。作为执政党，中国共产党要转变功能，从繁杂的事务中解脱出来，专门从事对国家的决策建议、监督调节、思想导向等，利用各种支持资源，充分发挥其治理的最高权威作用。其二，推进政府改革。必须加快中央和地方各级政府的职能转变，优化政府机构设置，全面正确履行政府职能，进一步简政放权，深化行政审批制度改革，积极稳妥实施大部门制改革，优化行政区划设置，探索省直接管理县（市）体制。其三，推进人大改革。推动人民代表大会制度与时俱进。支持人大及其常委会充分发挥国家权力机关作用，依法行使立法、监督、决定、任免等职权，加强立法工作组织协调，加强对“一府两院”的监督，加强对政府全口径预算决算的审查和监督。其四，推进政协改革。完善人民政协制度体系，规范协商内容、协商程序。拓展协商民主形式，更加活跃有序地组织专题协商、对口协商、界别协商、提案办理协商，增加协商密度，提高协商成效。其五，推进司法改革。推动省以下地方法院、检察院人财物统一管理，探索建立与行政区划适当分离的司法管辖制度，健全司法权力运行机制。

五是夯实社会基础。推进国家治理最重要的是社会和人民的参与，必须通过民主参与实现国家与社会的良性互动。一方面，培育和发展社会中介组织，充分发挥第三部门作用，完善社会的自治组织机构（如村民自治和城市社区自治），使之成为社会治理的基础，建立政府与社会的相互依赖、相互协作的互动关系。政府要完善中介组织的有关法律，规范和约束中介组织的行为，为中介组织的发展创造一个公平、环境良好的竞争环境。另一方面，推进政府民主行政，完善民主决策，建立民众参与决策制度，如公共决策听证制度。推进政府信息公开，扩大民主参与、加强民主监督。

六是强调制度治理。在构建中国国家治理体系中，习近平特别强调治理的制度问题。他认为，国家治理体系，实质上就是“各领域体制机制、法律法规安排，也就是一整套紧密相连、相互协调的国家制度”[1]。例如生态治理，必须建立系统完整的生态文明制度体系，用制度保护生态环境。要健全自然资源资产产权制度和用途管制制度，划定生态保护红线，实行资源有偿使用制度和生态补偿制度，改革生态环境保护管理体制。纠正单纯以经济增长速度评定政绩的偏向；生态脆弱的国定扶贫县，要取消地区生产总值考核。生态治理领域要着眼于制度建设，其他各领域也是如此。习近平指出，“为党和国家事业发展、为人民幸福安康、为社会和谐稳定、为国家长治久安提供一整套更完备、更稳定、更管用的制度体系。这项工程极为宏大，必须是全面的系统的改革和改进，是各领域改革和改进的联动和集成，在国家治理体系和治理能力现代化上形成总体效应、取得总体效果”[2]。为此，习近平要求，务必在 2020 年时“构建系统完备、科学规范、运行有效的制度体系，使各方面制度更加成熟更加定型”[3]。只有在制度建设上下足功夫，中国的国家治理体系才会日臻完善。

[1] 习近平:《切实把思想统一到党的十八届三中全会精神上来》,《人民日报》2014 年 1 月 1 日。

[2] 习近平:《完善和发展中国特色社会主义制度 推进国家治理体系和治理能力现代化》,《人民日报》2014 年 2 月 18 日。

[3] 习近平 :《关于〈中共中央关于全面深化改革若干重大问题的决定〉的说明》,《人民日报》2013 年 11 月 16 日。

| 第五章 |

党的领导是国家治理的核心

中国共产党是以马克思主义为指导思想的先进政党，党从成立的那一天起，就把为中国各族人民和全人类解放而奋斗作为自己的光荣使命。党在95年的历史进程中，经历了革命、建设和改革发展的不同时期，取得了创建国家、治理国家、执政为民、服务社会的光辉业绩。中国共产党与西方国家的政党不同，西方国家政党的功能仅限于参加竞选，无须进行国家治理。而中国共产党无论是从理论上还是从实践上都说明了，党是国家的领导力量，党的领导是国家治理的核心。坚持党的领导是中国特色国家治理体系的最大特点，是推进国家治理现代化的根本保证。

一、中国共产党与国家治理的关系

中国共产党作为政党，具有政党的一般属性和功能，即政党是一定阶级利益的集中代表者，一方面，政党集中反映了本阶级的意志和利益，另一方面，政党又必须通过政治行动将阶级的利益进行综合和表达。政党表达本阶级利益的主要方式有二：一是通过政党的纲领表达阶级利益，二是通过政策输出的方式表达阶级利益。政党虽然代表阶级的利益，也就是代表国民的一部分利益，但是政党表达的利益不能仅仅局限于部分利益而必须力图以全体的利益为利益。“政党是表达要求的管道。政党首先而且最重要的是作为一种代表，它们是代表人民表达要求的工具或机构。政党的主要工作，即是代表功能和表达功能。”[1]

但是，除了政党的一般属性和功能外，中国共产党和其他政党相比又有着显著的不同。第一，中国共产党是代表着最广大人民群众利益的政党。共产党不同于一切剥削阶级性质的政党，过去的一切运动，包括资产阶级政党在内领导的都是少数人的或者为少数人谋利益的运动，而共产党领导的无产阶级的运动是绝大多数人的、为绝大多数人谋利益的独立的运动。共产党从来没有自己特殊的利益，而是以无产阶级和劳动人民的利益作为自己的利益。第二，中国共产党是以实现共产主义为最高目标的政党。共产党也不同于一般的工人政党，它以马克思主义为指导思想。马克思主义是无产阶级利益的理论体现，是人类社会发展规律的思想概括，“在实践方面，共产党人是各国工人政党中最坚决的、始终起推动作用的部分；在理论方面，他们胜过其余无产阶级群众的地方在于他们了解无产阶级运动的条件、进程和一般结果”[2]。第三，中国共产党是以武装斗争夺取政权的革命党。与西方国家在民主的条件下通过议会产生的政党不同，中国共产党是在极端残酷的白色恐怖下成立的革命党。西方国家政党是以和平的方式即选举的方式取得政权，半殖民地、半封建的旧中国实行专制统治，根本没有每隔 4 年或 5 年一度的国家领导人的民主选举，中国共产党只能以暴力的方式夺取政权。为此，中国共产党要组织军队、进行武装斗争，以暴力方式夺取政权。由于直接与现政权诉诸武力对抗，往往要遭受镇压，处于秘密的、非法的状态，并且造成了大量的流血牺牲。第四，中国共产党是具有坚强组织和严密纪律的政党。和一般政党的组织纪律较松弛涣散、党员入党退党来去自由不同，共产党以民主集中制作为自己根本的组织原则，实行个人服从组织、少数服从多数、下级服从上级、全党服从中央和党的代表大会。加入共产党的应是先进分子，虽然无产阶级

[1] [意]乔万尼·萨托利：《最新政党与政党制度》，韦伯文化国际出版有限公司 2003 年版，第 42 页。

[2] 《马克思恩格斯选集》第 1 卷，人民出版社 1995 年版，第 285 页。

是共产党的阶级基础，但党和阶级不同，党是阶级中最积极的一部分，是由无产阶级的先进分子所组成，并不是每个无产者都可以成为中国共产党的党员，入党需要符合党员的基本条件，具有优秀的品质和高度的思想觉悟、坚韧不拔的革命毅力和艰苦朴素的工作作风，由此全党组成了一支先进的战斗部队，使党具有强大的战斗力。此外，中国共产党还具备了善于制定正确的路线方针政策，能够培养和造就一支优秀的干部队伍，重视和深入群众开展思想宣传、组织群众和依靠群众做好一切工作等一系列的优点、特点。正是中国共产党的这些特性，决定了中国共产党具备了成为国家治理核心的资质、资格。

中国共产党的领导是国家治理的核心，不仅从理论的分析上可以得到证明，更重要的是可以从已有的实践中得到证明。早在新民主主义革命时期，中国共产党开辟了以农村包围城市、最后夺取城市的革命道路，在这样的过程中，中国共产党形成了红色区域的革命根据地，建立了政权组织，很好地领导了地方各项公共事务的治理。例如，1927 年 9 月，毛泽东组织湘赣边界秋收起义后，开创了井冈山革命根据地，建立了工农民主政权，领导根据地人民开展“打土豪、分田地”的斗争。为了指导和保障农民的土地斗争，湘赣边界工农民主政权制定了《井冈山土地法》。这个《土地法》的内容包括:“没收一切土地归苏维埃政府所有”；“一切土地，经苏维埃政府没收分配后，禁止买卖”；分配土地的数量标准主要是“以人口为标准，男女老幼平均分配”，区域标准主要是“以乡为单位分配”；规定了征收和免纳土地税的办法；等等。以后,1930 年 8 月,又颁布了《苏维埃土地法》。共产党规定和实行的土地政策，是最为成功的治理范例。农民是中国革命的主力军，土地政策满足了农民对土地的需求，争取到了千千万万的革命力量，奠定了共产党战胜国民党反动统治的雄厚基础。1978 年党的十一届三中全会以来，中国共产党又一次开创了治国理政的辉煌局面。在改革开放新时期，中国共产党以实事求是的思想路线，解放思想、勇于探索，制定了党在社会主义初级阶段建设中国特色社会主义的基本路线，形成了中国特色社会主义理论体系，开启了社会主义现代化建设的伟大事业。建设中国特色社会主义，是包含经济建设、政治建设、文化建设、社会建设、生态文明建设在内的“五位一体”建设，我们不仅要推进市场经济、民主政治、文化繁荣、社会和谐、生态文明，还要形成生机勃勃的经济体制、政治体制、文化体制、社会体制和生态文明体制。30 多年来，中国的国内生产总值（GDP）年均增长 9.0% 以上，2010 年达 5.7 万亿美元，超过日本的 5.4 万亿美元，居世界经济总量第二位，2015 年为 11 万亿美元（67.67 万亿元）；人均 GDP 由 1978 年不足 100 美元到 2015 年的 7800 美元，中国成为全球一枝独秀、发展最快的国家。世界舆论普遍认为，中国取得的成就皆因为中国共产党具有强大的执政力，成功地进行了国家治理。

中国共产党成为国家治理的核心，是由中国的国情所决定的。众所周知，1840 年鸦片战争后，中国沦为半殖民地半封建国家，几乎受到所有西方列强的侵略和掠夺，成为积贫积弱、一盘散沙、任人宰割的国家。国家的失败，固然有经济、政治、军事方面实力不足的原因，但最根本的是缺乏一个坚强的领导核心。当中国共产党肩负起救亡图存、振兴中华的重任，成为中国人民的主心骨、掌舵人之后，中国的面目就发生了翻天覆地的变化。今天，中国已成为自立于世界民族之林的强国之一，但是，在我们这样一个多民族的发展中大国，要把 13 亿多人的思想统一起来，力量凝聚起来，向着社会主义现代化建设的目标前进，仍然需要中国共产党的坚强领导。否则，还会成为一盘散沙、出现四分五裂，不仅社会主义现代化的伟业、中华民族的伟大复兴实现不了，而且必然陷入混乱的深渊。这是总结近代以来中国发展的历程得出的结论，也是分析许多国家发展的经验教训得出的结论。

现今世界上，存在着社会主义和资本主义两种不同的发展趋势。中国是社会主义国家，中国的国家治理必须坚持走中国特色社会主义的道路，这里有一个坚持而不是离开社会主义的根本问题。这就要求，在中国的国家治理中必须坚持中国共产党的领导。党的领导既是中国特色社会主义的最大特色、最本质特征，也是中国特色国家治理的最大优势。只有在国家治理中把党的领导作为核心，才能贯彻党的基本路线，不走封闭僵化的老路，不走改旗易帜的邪路，坚定走中国特色社会主义道路，始终确保改革开放的正确方向。我们深信，企图转向资本主义的设想是没有出路的。众所周知，世界上100多个实行资本主义制度的国家中，算得上发达国家的充其量只有20多个，其余绝大多数属于发展中国家，有的甚至是最贫穷的国家。这说明，资本主义并没有改变这些国家的贫困落后的状况。走什么路实现民族复兴和国家昌盛，要靠这些国家的人民根据本国的实际来选择。当前，中国特色社会主义建设，是要经过一个较长的初级阶段，去实现发达国家在资本主义条件下实现的工业化、市场化、社会化和现代化。但这并不意味着我们将走到资本主义道路上去。资本主义现代化经历了几个世纪的漫长过程，它使本国人民和殖民地附属国人民付出了难以估量的惨重代价，给人留下了痛苦的回忆。资本主义现代化不可能改变大多数人受剥削、受压迫的命运，不可能消除贫富鸿沟日益扩大等社会不公正现象。中国人民经受了100多年近代剥削奴役制度的苦难，在中国共产党领导下才走上民族解放、国家振兴、人民幸福的中国特色社会主义道路，我们决不会再去走资本主义的老路。在当代，中国共产党所领导的治国理政和所从事的社会主义现代化建设，是在以社会主义公有制为主体的充满活力的经济体制基础上，依靠全体人民团结奋斗来实现的，其目的是为了增强综合国力、满足人民日益增长的物质和文化需要，达到全面建成小康社会和实现中华民族的伟大复兴，这才是中国人民梦寐以求要追寻的中国梦。

总而言之，国家治理离不开中国共产党的领导核心，党的领导也必然要成为国家治理的核心。只有坚持中国共产党的领导，才能在国家治理的错综复杂的政治风云中，牢牢掌握社会主义前进的正确方向，才能动员起亿万工人、农民、知识分子和其他劳动群众为之努力奋斗。

二、改革和完善党的领导与执政方式

毫无疑义，坚持中国共产党的领导构成国家治理的核心。但是，这并不意味着党的领导可以对国家机关和公共事务直接加以干预，或者说党可以采取直接执政的方式。恰恰相反，党要坚持和加强领导，推进依法治国、依法执政，必须很好地改革和完善党的领导方式和执政方式。

法国研究政党的政治学家迪韦尔热，曾以议会为界线，把政党分为“内生党”和“外生党”两种类型。这包含着政党在民主的条件下和专制条件下产生的不同途径。在民主条件下产生的内生性政党，是合法性的政党，只需做好议会和选举的工作。而在专制条件下成立的外生性政党，只能是革命党。党的领导工作，开始于对革命的领导，囊括了革命中的一切战线和所有领域，主要包括了对军队、军事斗争和政治、思想、组织建设的领导。

在中国共产党的所有领导事项中，对军队和军事斗争的领导是摆在第一位的，是最为紧迫的问题，中国共产党也成为最懂得军事、最能够领导打胜仗的革命党。中国共产党对政治的领导显得尤为重要。政治领导，主要是政治路线、方针、政策的领导。中国共产党必须针对革命的整个时期以及发展的不同阶段，根据革命的性质、对象、动力、任务和目标等，制定和贯彻党的路线、方针和政策，以保证革命始终沿着正确的方向前进。中国共产党的思想领导，即通过强有力的思想政治工作，向党员和群众进行马列主义和党的路线方针政策的宣传教育，提高全党和全国人民的思想觉悟和认识水平。中国共产党的组织领导，即主要是坚持党对干部工作的领导，党通过制定任人唯贤、德才兼备的干部路线和方针，建设一支忠于党、忠于人民、忠于革命、有才华、有能力的干部队伍。中国共产党的领导，还涉及了对政权、经济建设以及统一战线的领导。如果没有这些方面的领导，中国革命同样是不可能成功的。

在中国共产党领导下，1949 年中国革命取得了胜利，建立了中华人民共和国，中国共产党成为执政党，继续发挥着领导的作用。从革命转向执政后，要坚持中国共产党的执政地位和党的领导，就必须弄清楚什么是执政、什么是领导，以及中国共产党究竟是怎样的一个执政党。新中国成立后，毫无疑义，中国共产党已经居于执政地位，同时又居于领导地位。但是，执政和领导，二者之间既有联系，又有区别，不可混淆起来。执政和领导各自具有不同的内涵。正因为这样，邓小平在党的八大作修改党章的报告中说，党既是“执政的”党，又是“领导的”党。

什么是执政呢？执政，顾名思义就是执掌政权。执政是表明，作为执政者的政党执掌了全部的国家政权。正因为中国共产党掌握了全部国家政权，它才被称之为执政党。什么是领导呢？领导的定义是，领导者为实现组织的目标而运用权力向其下属施加影响的一种行为或行为过程。领导工作包括五个必不可少的要素：领导者、被领导者、作用对象、职权和领导行为方式。

由执政和领导的含义可知，执政和领导的区别在于，执政是党与国家的政权领域相联系，执政是共产党决定和影响国家政权的体现。而领导的概念要比执政的概念广泛得多，领导既可以是和国家政权发生联系的行为过程，也可以是和社会的各个方面、各个领域相联系的行为过程。领导和执政的区别还在于，当实施领导时，党未必掌握着全部国家政权，但却存在着党对社会的和基层的不同方面、不同领域相联系的行为过程。如在民主革命时期，中国共产党并没有掌握全部国家政权，但它已经是一个领导着革命的政党，本身就具有领导的功能。

执政和领导的联系在于，执政本身就是一种领导。由于中国共产党掌握了全部国家政权，党也就获得了对国家政权的领导，而且，中国共产党的领导正是通过国家政权的作用，继续深入到社会的各个方面、各个领域。可以说，在社会主义时期，中国共产党的领导就集中体现为执政式的领导。很显然，中国共产党如果没有执政地位，就谈不上有党的领导；而党的领导，也就集中体现在党的执政上。在执政条件下，执政和领导得到了统一。

由以上论述可知，在取得执政地位的情况下，党的领导既包含着党的执政，又保留着比执政更为广泛的内涵。因此，中国共产党的领导，即中国共产党作为领导的党，主要是指党必须处在国家的总体领导的位势上发挥作用。党的领导，首先是总体领导，总体领导指的是政治原则、政治方向和重大方针政策的领导，而全国的其他党派、组织、单位、团体和公民，必须在政治上接受和服从这样的领导。当然，党的领导，并不妨碍同其他的党派、组织、单位、团体和公民在法律地位上的平等关系，即都以宪法和法律为根本活动准则，共同维护宪法和法律的尊严，保护宪法和法律的实施，而且也不妨碍它们按照法律的规定，处理自己内部的事务。这说明，其他的党派、组织、单位、团体和公民接受党的领导，是一种自觉自愿的选择，不是被动的接受。党发挥领导作用，也主要靠引导、说服，而不是强迫。其次，中国共产党的执政，即中国共产党作为执政的党，主要是党必须居于执政的地位，对国家政权机关实施领导，这样的领导就称之为执政领导或执政。当然，中国共产党作为执政党，必须科学执政、民主执政、依法执政，有效地发挥各民主党派、社会公民的民主协商、参政议政、参与治理的作用。

我们还会遇到这样一些与领导和执政相关的概念，如领导能力与执政能力、领导水平和执政水平，它们之间的联系及区别，大体上与领导和执政的联系及区别相同。

那么，什么是执政党呢？2004年党的十六届四中全会通过的《中共中央关于加强党的执政能力建设的决定》，阐明了中国共产党是怎样的一个执政党，党要“成为立党为公、执政为民的执政党，成为科学执政、民主执政、依法执政的执政党，成为求真务实、开拓创新、勤政高效、清正廉洁的执政党”和“成为始终做到‘三个代表’、永远保持先进性、经得住各种风浪考验的马克思主义执政党”。这“四个成为”，一是指涉执政党的性质规定，二是指涉执政党的根本要求，三是指涉执政党的价值标准，四是指涉执政党的根本目的，从而完整地揭示了中国共产党作为社会主义国家执政党的科学含义。它清楚地表明，中国共产党的领导功能，主要集中在执政方面。

中国共产党执政地位的巩固和发展，取决于党的执政能力，也取决于党的领导能力。对于党的执政能力和领导能力，《中共中央关于加强党的执政能力建设的决定》作出了创新论述。《决定》指出，“党的执政能力，就是党提出和运用正确的理论、路线、方针、政策和策略，领导制定和实施宪法和法律，采取科学的领导制度和领导方式，动员和组织人民依法管理国家和社会事务、经济和文化事业，有效治党治国治军，建设社会主义现代化国家的本领”。这里所说的党的执政能力，实际上就是“科学执政、民主执政、依法执政”的能力。“科学的领导制度和领导方式”，与科学执政相连；“动员和组织人民”，与民主执政相连；“依法管理国家和社会事务、经济和文化事业”，与依法执政相连。这是对中国共产党执政能力和领导能力作出的深刻诠释，集中到一点，就是如何确保中国共产党在执政实践中切实做到科学、民主、法治。科学执政、民主执政、依法执政，这“三个执政”是对坚持中国共产党领导的重要规定，也是实施党的正确领导的重要举措。

所谓科学执政，就是要用科学的理论和思想指导执政，就是要遵循党在社会主义初级阶段执政的客观规律执政，就是要在吸收和借鉴世界各国政治文明中一切合理的科学成分的基础上执政。在此基础上，要在科学的理论和方法的指导下，逐步建立科学的制度，把科学的执政理念、执政方式、执政方法制度化、规范化。

所谓民主执政，就是坚持为人民执政、靠人民执政，支持和保证人民当家作主，坚持和完善人民民主专政，坚持和完善民主集中制，以发展党内民主带动人民民主。密切联系人民群众，相信和依靠人民群众，全心全意为人民群众谋利益，是中国共产党区别于其他阶级政党的一个根本标志。党的性质和宗旨，决定了它在成为执政党以后，必须坚持为人民执政、靠人民执政。党通过自己的执政活动，集中和体现人民的利益和意愿，并努力实现人民的利益和意愿。党带领人民建设社会主义民主政治，并且在自己的执政活动中严格遵循社会主义民主政治的根本要求，为人民执好政、掌好权。

所谓依法执政，就是实现依法治国理政。中国共产党作为中华人民共和国的唯一执政党，以依法治国、建设社会主义法治国家作为基本的治国方略，就必然要坚持依法执政，带领人民立法，通过立法把人民的意志变为国家意志，把代表人民根本利益的党的方针政策变为法律法规，同时带头守法，在宪法和法律的范围内活动，带领人民遵守宪法和法律，维护宪法和法律的权威，保证宪法和法律的实施，不断推进国家经济、政治、文化、社会生活的法治化、规范化。

“科学执政、民主执政、依法执政”的“三个执政”，涉及极为广阔的执政范围，它们涵盖了改革发展稳定、内政外交国防、治党治国治军各个方面，构成了党的总体性的执政能力，并对党的总体性执政能力提出了明确的具体要求。对此，党的十六届四中全会《决定》提出，当前和今后一个时期，加强党的执政能力建设的主要任务是：按照推动社会主义物质文明、政治文明、精神文明协调发展的要求，不断提高驾驭社会主义市场经济的能力、发展社会主义民主政治的能力、建设社会主义先进文化的能力、构建社会主义和谐社会的能力、应对国际局势和处理国际事务的能力。这五种能力，归根结底都是科学执政、民主执政、依法执政能力的具体要求，科学、民主、法治，是提高这五种执政能力的根本保证。只有在坚持科学执政、民主执政、依法执政的基础上，才能够有效地做到不断提高我们党的上述五种主要的执政能力，并通过党的执政能力的提高，进一步地巩固党的执政地位，实现党的执政使命。

“科学执政、民主执政、依法执政”的“三个执政”，也对党的执政方式和领导方式提出了明确的具体要求。首先，党的执政方式和领导方式是提出治国的政治路线和方针政策。这些包含从政治路线、方针政策上领导国家政权及其建设，指引和掌握国家政治生活的发展方向，确保全体人民管理国家和社会事务的权利及有效地实际参加管理，等等。党提出宏观的路线、方针、政策，以指导国家的政治生活和全社会的行动，而不是陷于具体琐碎的行政事务和经济管理的事务中。其次，党的执政方式和领导方式是提出立法建议、并指导立法。依法领导或依法治国，即党的领导法治化，是政治领导的一种基本形式。党要在宪法和法律的范围内活动，党对国家事务实行政治领导的主要方式是使党的主张经过法定程序变成国家意志，即通过法律和法令来实现党的领导。这意味着党把自己的领导活动纳入国家法治的轨道。再次，党的执政方式和领导方式是选拔和推荐重要干部到国家政权机关中任职。党的执政最主要的就是通过党的干部在政权中工作来实现的，要以国家政权作为执政中心。党必须把自己的领袖人物和主要干部推荐到国家权力机关中去，值得指出的是，党"推荐重要干部"，不是推荐所有的干部；是"推荐"而不是由党组织直接委任或决定，必须走法律的程序。党就是通过这些执政的党的领袖和干部来贯彻治国理政的施政方针、主张。党的一大批领导者进入国家权力机关也更加符合国际上通行的政党政治原则，党领导国家不再是靠发号施令，而是通过在国家政权机关的党员所占据的优势比例和政治影响，用民主的方法，依靠集中大多数人的意志，把党的路线、方针、政策通过国家的形式传达给全社会，使整个决策过程更加民主化，更能反映民情，代表民意，集中民智，更具有法律的效力。最后，党的执政方式和领导方式也要监督国家政权中的党的领导干部和党员发挥先锋模范作用，以保证党的决议得到执行。

"科学执政、民主执政、依法执政"的"三个执政"，还对党与人大、政府、政协以及人民团体关系做出明确的规范，要求把党的领导与尊重国家机关依法独立行使职权相结合。在党与国家政权和人民团体的关系上，党提出了必须按照总揽全局、协调各方的原则，规范党委与人大、政府、政协以及人民团体关系的基本要求。总揽全局，主要是指党委要在同级各种组织中发挥领导核心作用，集中精力抓好大事，支持各方独立负责，步调一致地开展工作，而不包揽一切，不搞事无巨细一把抓；协调各方，主要是指党在支持国家机关和人民团体依照有关法律和各自章程独立开展工作的同时，要通过国家机关和人民团体的党组与党员领导干部的工作，努力使党的主张通过法定程序变成法律和各界的共识，通过党组协调各方关系，不搞以党代政，协调而不代替。只有通过以上“科学执政、民主执政、依法执政”的“三个执政”的认真贯彻实施，才能实现党领导的有效的国家治理。

三、以全面从严治党加强党的建设

中国共产党是领导中国前进发展的胜利保证。要坚持党的领导，发挥党的领导作用，使党成为中国特色国家治理体系的核心领导力量，必须推进全面从严治党，大力加强党的自身建设。

中国共产党成立95年、执政67年、领导改革开放38年来，几代中国共产党人始终坚持把马克思主义基本原理同中国具体实际相结合，团结带领全国各族人民不懈奋斗，战胜各种艰难险阻，不断取得革命、建设和改革发展的伟大胜利。但是，党的执政地位和领导地位不是天然自成、恒定不变的。习近平明确指出：“党的执政地位和领导地位并不是自然而然就能长期保持下去的，不管党、不抓党就有可能出问题甚至出大问题，结果不只是党的事业不能成功，还有亡党亡国的危险。”[1] 世情、国情、党情的深刻变化，对推进党的建设新的伟大工程提出了新的要求，党面临着长期的、复杂的、严峻的执政考验、改革开放考验、市场经济考验和外部环境考验，同时面临着精神懈怠危险、能力不足危险、脱离群众危险和消极腐败危险。为此，习近平提出了“全面从严治党”的任务，并且认为，全面从严治党比起过去任何时候来说都显得更为繁重和必要。

第一，以全面从严治党加强党的建设要推进党内民主发展。国家治理体系现代化的重要标志是民主化，但由于中国在两千多年的封建社会里实行专

[1] 习近平：《在党的群众路线教育实践活动总结大会上的讲话》，《人民日报》2014年10月9日。

制统治，没有什么民主思想意识和传统。新中国成立后，又由于受到“左”的路线的干扰破坏，党对发展民主的认识不足、措施更乏力。1978 年，中国实行改革开放，形成生机勃勃的中国特色社会主义。邓小平明确指出，建设中国特色社会主义，开辟社会主义新路，必须坚定不移地大力发展社会主义民主。

自近代政党产生以来，民主政治大体上划分为人民民主（社会民主）和党内民主两大部分。在西方发达国家，由于议会民主建立在前，政党产生在后，两大民主的发展重点和次序是，公民享有社会民主，然后逐步推动政党实行党内民主。早期西方国家的政党，是“干部党”“精英党”“议会党”，党内没有民主。直到 20 世纪下半叶，西方国家政党在社会民主的影响下，才普遍实行党内民主。对于中国共产党而言，同样要承担起发展人民民主和发展党内民主的双重任务。但是，中国是建立在经济文化落后基础上的社会主义国家，则不能采取西方国家那样的发展民主的次序。一是马克思主义历来主张，无产阶级的政党组织从成立之日起，就要实行民主。但在专制环境中成立的旨在推翻反动上层黑暗统治的共产党是秘密政党，因条件限制客观上不允许实行党内民主。一旦革命成功后，党成为执政党，就要大力发展党内民主。二是不发达的社会主义国家，在社会上也缺乏人民民主。在缺乏党内民主和人民民主的情况下，首先发展党内民主，通过党内民主先行和带动人民民主，实行党内民主和人民民主的互动，是一条切实可行、稳妥有序的发展之路。正因为这样，中国共产党十分强调，要以发展党内民主带动人民民主。近年来，中国共产党在发展党内民主方面不断取得新进展，为人民民主的发展做出了示范和榜样，奠定了人民民主进一步发展的坚实基础。

现在，经过 20 多年的反复摸索探求，中国共产党已经确立了发展人民民主和发展党内民主的最佳路径。这就是党的十六大报告和十六届四中全会《决定》阐述的基本思路：“党内民主是党的生命，对人民民主具有重要的示范和带动作用。”“发展党内民主，是政治体制改革和政治文明建设的重要内容。”

要“以发展党内民主带动人民民主”。这一思路凸显了党内民主的极端重要性，说明党内民主与人民民主比较而言，不能不是重中之重。

第二，以全面从严治党加强党的建设要严明党的纪律和规矩。党的坚强有力，源自党的纪律；党要坚强有力，必须依靠党的纪律。党的建设的一个重要任务，就是加强党的纪律建设。党的十八届四中全会《决定》指出：“党的纪律是党内规矩。党规党纪严于国家法律。”党规党纪之所以严于国家法律，是因为党是肩负神圣使命的政治组织，党员是有着特殊政治职责的公民。入了党，就意味着多尽一份义务，就要在政治上讲忠诚、组织上讲服从、行动上讲纪律。坚持全面从严治党，就要以严的标准要求党员、严的措施管住干部。中国共产党作为执政党，各级党组织和全体党员尤其是党员领导干部，必须受到党章党规党纪的刚性约束，必须模范遵守国家法律法规。

在党的纪律中，习近平尤其强调“政治纪律”。习近平在十八届中央纪委二次全会上的讲话中指出：“严明党的纪律，首要的就是严明政治纪律。党的纪律是多方面的，但政治纪律是最重要、最根本、最关键的纪律。政治纪律是各级党组织和全体党员在政治方向、政治立场、政治言论、政治行为方面必须遵守的规矩，是维护党的团结统一的根本保证。遵守党的政治纪律，最核心的，就是坚持党的领导，坚持党的基本理论、基本路线、基本纲领、基本经验、基本要求，同党中央保持高度一致，自觉维护中央权威。一个政党，不严明政治纪律，就会分崩离析。党内决不允许有不受党纪国法约束、甚至凌驾于党章和党组织之上的特殊党员。”[1]政治纪律之所以这么重要，是因为“我们党作为马克思主义政党，讲政治是突出的特点和优势。政治纪律和政治规矩这根弦不能松。干部在政治上出问题，对党的危害不亚于腐败问题，有的甚至比腐败问题更严重。在政治问题上，任何人同样不能越过红线，越过了就要严肃追究其政治责任。有些事情在政治上是绝不能做的，做了就要付

[1] 中央文献研究室：《深入推进党风廉政建设和反腐败斗争的思想武器和行动指南——学习〈习近平关于党风廉政建设和反腐败斗争论述摘编〉》，《人民日报》2015 年 1 月 26 日。

出代价，谁都不能拿政治纪律和政治规矩当儿戏”[1]。近几年来，我们党已经出现了搞团团伙伙、拉帮结派的问题，党内出现了“秘书党”“石油帮”“西山会”等非组织政治活动。对此，习近平指出，“有的干部信奉拉帮结派的‘圈子文化’，整天琢磨拉关系、找门路，分析某某是谁的人，某某是谁提拔的，该同谁搞搞关系、套套近乎，看看能抱上谁的大腿。有的领导干部喜欢当家长式的人物，希望别人都唯命是从，认为对自己百依百顺的就是好干部，而对别人、对群众怎么样可以不闻不问，弄得党内生活很不正常”[2]。习近平强调："党内决不能搞封建依附那一套，决不能搞小山头、小圈子、小团伙那一套，决不能搞门客、门宦、门附那一套，搞这种东西总有一天会出事！有的案件一查处就是一串人，拔出萝卜带出泥，其中一个重要原因就是形成了事实上的人身依附关系。在党内，所有党员都应该平等相待，都应该平等享有一切应该享有的权利、履行一切应该履行的义务。”[3]

严明党的纪律和规矩，还要严肃党内政治生活。党内政治生活是党组织教育管理党员和党员进行党性锻炼的主要平台，从严治党必须从党内政治生活严起。有什么样的党内政治生活，就有什么样的党员、干部作风。一个班子强不强、有没有战斗力，同有没有严肃认真的党内政治生活密切相关；一个领导干部强不强、威信高不高，也同是否经过严肃认真的党内政治生活锻炼密切相关。全面从严治党，最根本的就是要使全党各级组织和全体党员、干部都按照党内政治生活准则和党的各项规定办事。这些年，一些地方和部门自由主义、分散主义、好人主义、个人主义盛行，有的是搞家长制、独断专行，以至于一些人不知党内政治生活为何物，是非判断十分模糊。全面从

[1] 中央文献研究室：《深入推进党风廉政建设和反腐败斗争的思想武器和行动指南——学习〈习近平关于党风廉政建设和反腐败斗争论述摘编〉》，《人民日报》2015年1月26日。

[2] 习近平：《在第十八届中央纪律检查委员会第三次全体会议上的讲话》，《人民日报》2014年1月15日。

[3] 习近平：《在第十八届中央纪律检查委员会第三次全体会议上的讲话》，《人民日报》2014年1月15日。

严治党，就要使党内政治生活今后在全党严肃认真地开展起来。

第三，以全面从严治党加强党的建设要强化法治建设。在党的各级干部中，目前还有相当的一些人，不重视学法、懂法，干起工作来经常成了违法的“草莽英雄”。因此，党的建设中要加强法治建设，体现法治精神，树立法治理念。

在党的思想建设方面，要着力于提高党员干部的法治思维和依法办事能力，树立运用法治思维和法治方式开展工作的自觉意识。党的十八届四中全会《决定》指出，“党员干部是全面推进依法治国的重要组织者、推动者、实践者，要自觉提高运用法治思维和法治方式深化改革、推动发展、化解矛盾、维护稳定能力，高级干部尤其要以身作则、以上率下”。为此，必须把宪法法律列入党委（党组）中心组学习内容，让全体党员干部系统地接受法治教育的洗礼，真正从思想上高度认识法治的重要性。

在党的组织建设方面，要在组织行动上促进党员和各级领导干部对法律怀有敬畏之心，牢记法律红线不可逾越、法律底线不可触碰，带头遵守法律，带头依法办事，不得违法行使权力。还要采取一定的组织措施，落实依法治国、依法执政。通过把法治建设成效作为衡量各级领导班子和领导干部工作实绩重要内容，纳入政绩考核指标体系，把能不能遵守法律、依法办事作为考察干部重要内容，在相同条件下，优先提拔使用法治素养好、依法办事能力强的干部，促进党员干部遵纪守法。而对那些特权思想严重、法治观念淡薄的干部则要批评教育，不改正的则要调离领导岗位。

在党的制度建设方面，要加大党规党纪的建设力度，提高党内法规执行力，运用党内法规把党要管党、从严治党落到实处。要注重党内法规同国家法律的衔接和协调，党的各级组织和广大党员干部不仅要模范遵守国家法律，而且要按照党规党纪以更高标准严格要求自己，坚定理想信念，践行党的宗旨，坚决同违法乱纪行为作斗争。必须确保在建党 100 周年时，建成内容科学、程序严密、配套完备、运转有效的党内法规制度体系。

在党的建设中加强法治建设，是落实依法治国、依法执政的有效途径。

唯有此，才能彻底解决党员干部中存在的违背法治的问题。通过思想建设的学习教育，可以克服党员干部把党的领导和法治看成互相排斥的错误认识。通过组织建设的措施规范，可以改变党员干部不依法办事以致习惯性违法的陋俗旧态。通过制度建设的立规立法，可以运用立法和法律解决的方法推进改革，避免因急于求成而“欲速则不达”、违法改革而产生严重后遗症。从这样的意义上说，党的建设承载着法治建设的重任，着力在党的建设中加强法治建设，实乃实现国家治理的关键之举。

第四，以全面从严治党加强党的建设要深入开展反腐败斗争。腐败，是国家治理的大敌，其危害性足以亡党亡国。中国共产党成立 95 年来，始终坚定不移地反对腐败。自改革开放以来，反腐败斗争开始改变主要通过“运动”进行反腐败斗争的方式，而逐步明晰、聚焦于制度反腐的思路，明确地把反腐败问题提升到了法律制度的高度。党的十八大以来，以习近平同志为总书记的党中央，不仅高举反腐倡廉的旗帜，而且揭开了反腐倡廉崭新的一页。习近平提出，要以“壮士断腕”“刮骨疗毒”的决心，以“零容忍”的“高压态势”反腐败，实行“老虎”“苍蝇”一起打，上无禁区、下无死角。十八届中央政治局常委、中央纪委书记王岐山同志则以明晰的语言阐述，“要研究并实施制度创新，全面推进惩治和预防腐败体系建设”，提出“不想腐、不能腐、不敢腐”的“三不”要求，开始建构惩治腐败的新制度体系。王岐山提出的“不想腐”“不能腐”“不敢腐”的“三不”要求，正是建构治腐制度体系最为明晰、最为彻底的大思路，照着这样的大思路，便能形成最为严密的治腐制度体系。对于“三不”要求，2014 年 9 月 5 日，习近平在庆祝全国人民代表大会成立 60 周年大会上的讲话中指出，“要加强和改进监督工作，拓宽人民监督权力的渠道，抓紧形成不想腐、不能腐、不敢腐的有效机制，让权力在阳光下运行”[1]，给予了充分肯定，应该按照“三不”要求，设计反腐败制度体系。

---

[1] 习近平：《在庆祝全国人民代表大会成立 60 周年大会上的讲话》，《人民日报》2014 年 9 月 6 日。

一是“不想腐”的制度设计，主要有：各级党委负有党风廉政建设责任的制度；官员接受定期廉政教育的制度；搞好党内民主生活制度；官员与组织和上级领导签署廉洁从政保证书的制度；官员与家人商定廉洁自律公约的规定；官员年度廉政情况检查总结的制度；官员退休后享受廉政保证金的制度。

二是“不能腐”的制度设计，主要有：规范各级党政主要领导干部职责权限的制度；领导干部任职回避制度；完善权力相互制约的制度；各级政府及其工作部门制定权力清单的制度；各级权力部门依法公开权力运行流程的制度；实行科学、民主的决策制度；实行党务公开、政务公开、司法公开和各领域办事公开的制度；推进决策公开、管理公开、服务公开、结果公开的制度；建立健全严格的财务预算、核准和审计制度；“裸官”不得提拔的制度；官员重大事项报告的制度。

三是“不敢腐”的制度设计，主要有：强化上级纪委对下级纪委领导的制度；查办腐败案件以上级纪委领导为主的制度；实行中央和省区市巡视与专项巡视的制度；全面落实中央纪委向中央一级党和国家机关派驻纪检机构的制度；派驻机构对派出机关负责切实履行监督职责实施制度；切实可行的反腐败责任追究制度；实行民主监督、法律监督、舆论监督、互联网监督的制度；加强对同级党委、常委会成员的监督制度；加强对省部级以上高级官员的监督制度；加强对官员 8 小时之外行为监督的制度；规范并严格执行领导干部工作生活保障的制度；加强对纪检干部监督的制度；严厉惩处干部人事方面跑官要官、买官卖官活动的制度；经济上使腐败官员血本无归、倾家荡产的制度。

在建构了以上防止和治理腐败的“三位一体”总计包含 30 余项的制度体系，并且这个制度体系在党和国家的政治生活实践中得到了全力的推行和落实之后，就有充分的理由相信，中国共产党一定能够达到消除腐败、根治腐败的目的。

| 第六章 |

政府治理是国家治理的关键

在近代的国家发展进程中，政府成为一个核心概念。现代意义上的政府，指的是执掌行政权的国家机构。在实行“三权分立”的国家，各政党要登上执政的舞台，就要争夺政府的组阁权，通过执掌政府，实施施政纲领。在社会主义国家，政府成为行政的中心，执政党通过政府履行政府职能，推动经济社会的发展，因此，政府在国家治理的活动中占有重要的地位。尤其在当代中国，“有效的政府治理”成为国家治理现代化的关键。

一、中国政府治理制度和组织结构

当代中国的政府治理是在一定的指导思想和历史条件下形成和发展起来的，构成了政府治理的基本制度。

中国的政府和政府治理，是以马克思主义作为指导思想的。马克思、恩格斯对社会主义社会的一些设想以及对资本主义政府的批判，都对中国的政府制度产生了深刻的影响。中国政府治理在体制上的渊源，则可追溯到中国共产党在成为执政党之前领导建立的政权，包括 20 世纪 30 年代早期在江西革命根据地建立的中华苏维埃政权，抗日战争时期在陕甘宁边区建立的抗日民主政权，以及解放战争时期在解放区建立的革命政权。

——中华苏维埃共和国。1931 年 11 月，中国共产党主持在江西瑞金召开第一次全国工农兵代表大会，大会通过《中华苏维埃宪法大纲》和《苏维埃地方政府组织条例》，宣布成立中华苏维埃共和国，选举产生工农兵代表大会执行委员会，并组织了临时中央政府人民委员会。

——陕甘宁边区政府。1937年，中国共产党和国民党合作建立抗日民族统一战线，中共中央随后宣布取消中华苏维埃共和国名称，将苏维埃政权改为国民政府的一级地方政权，亦即陕甘宁边区政府，参议会选举产生同级政府，作为行政机关。

——解放区革命政权。1945年抗日战争结束，国共两党的统一战线破裂。自1945年10月起，陕甘宁边区陆续将原边区各级参议会改为人民代表会议，由人民代表会议选举产生同级政府。随后，各解放区也先后召开人民代表会议，由人民代表会议产生同级人民政府。中国共产党在夺取全国政权之前建立政权的尝试所获得的经验，直接地体现于新中国成立的中华人民共和国政府制度之中。

苏联是世界上第一个建立了一整套社会主义政府制度的国家，又是中国革命长期的主要支持者，在某种意义上也是指导者。革命胜利之后，中国共产党在缺乏经验的情况下，面临着尽快建立社会主义政权的紧迫任务，必然要向苏联学习。20世纪50年代的中华人民共和国的政府制度，从基本结构、行政部门的设置及其相互关系，直到各政府部门、各具体制度的确定，几乎都模仿了苏联的体制。中华人民共和国的政府制度在发展和变革中，还借鉴了其他国家的有益经验，形成了中国的政府治理，表现为代表和履行政府职能的各种机构和规范它们相互之间关系的各种运行机制体系，这可以从政府运行机制的分析中归纳政府治理的组织结构。

一是政府结构。政府机构的运行机制是政府制度的重要内容之一。政府机构是国家行政活动的主体，是国家为了管理社会事务而设置的负责行政领导、行政执行、行政组织和行政监督的国家机关。在我国政府机构的设置和运行中，首先需要明确的就是政府之间的结构模式。中国是单一制国家，政府制度中有中央与地方之分。中央一级的政府制度就是国务院的组织和工作制度，地方政府制度就是自省级至乡镇各级地方人民政府的组织和工作制度。从中央人民政府即国务院到基层的乡镇人民政府，从国务院各部、委、行、署到市县的职能局、办，构成了一个完整统一的组织系统，并呈现出不同的结构模式，大致有以下三种：

第一，全国各级人民政府的排列组合呈现出塔式结构。处于塔尖的是最高国家行政机关即国务院，国务院下设 31 个（除台湾）省、自治区、直辖市人民政府和香港、澳门两个特别行政区政府。省级人民政府下辖若干市、县、区人民政府。因基层政府的不同又形成不同层级：二级制，如直辖市—区政府，省—县级市政府;三级制，如直辖市—区—镇政府，省（自治区）—县—乡（镇）政府；四级制，如省（自治区）—地级市—县—乡（镇）政府。中国国家行政组织体制从整体上说是中央集权的行政体制，各级政府机关之间存在着严密的领导与被领导的关系，这与中国是单一制的社会主义国家，强调中央集权统一领导相适应。同时，中国在遵循中央统一领导的前提下，也十分强调充分发挥地方的主动性和积极性，把集权制与分权制结合起来。

第二，政府职能部门的纵向分工呈现出纵向垂直结构。这种结构一般分为两种情况：一是同一级政府内部职能部门的纵向结构。如国务院的职能部门设三级：部（委）—司—处；地方国家行政机关一般设两级，如省政府的厅（局）—处,地级市政府的局—处（科）。二是上下级政府职能部门的纵向结构。公安、安全、审计、监察等独立性较强的职能部门，上下级之间是领导与被领导的关系；经济、文化和社会管理等部门，上下级之间是业务指导与被指导的关系。纵向职能结构是国家行政职能纵向分工的体现。上下级职能部门所管理的事务性质相同，但是管辖的范围随层级的降低而缩小，并且不同层级在权力关系上存在着不同程度的隶属关系，这就保证了行政职能履行的统一性和协调性。

第三，同级政府机关之间和政府机关内部各同级部门之间是横向并列结构。一般也分为两种情况：一是不同行政区域的政府关系，如各省、自治区、直辖市政府之间的关系，各县（市）政府之间的关系，各乡（镇）政府之间的关系，其中也包括不同管辖区域内同级职能部门之间的关系。二是同一人民政府内部各职能部门之间的并列关系，如国务院各部委的关系，同一部（委）内的各厅、局之间的关系，等等。处于横向并列结构中的各部委之间是平等协作关系。为了履行同一级政府的整体行政职能，它们之间的互相配合协作是十分重要的。

二是政府领导体制。与其他政治权力机关的集体领导体制不同，我国政府系统实行的是党委领导下的首长负责制。按照宪法规定，各级国家行政机关实行首长负责制。国务院实行总理负责制，各部委实行部长、主任负责制；地方各级政府实行省长、市长、县长、区长、乡长、镇长负责制。所谓首长负责制，是指各级政府及其部门的首长在民主讨论的基础上，对本行政组织所管辖的重要事务具有最后决策权，并对此全面负责。实行首长负责制目的在于强调行政首长在履行职能时的作用和明确其工作责任，从而提高国家的行政效率。中国的首长负责制是在民主集中制基础上的首长负责制，与宪法所规定的“中华人民共和国的国家机构实行民主集中制的原则”是一致的。

首先，首长负责制是民主集中制原则在国家行政制度上的体现形式。民主集中制原则所否定的是排斥民主的官僚集中制与不要集中的无政府主义，它并不一概排斥适度加强个人的权力与责任。国家行政机关主要是执行国家权力机关的既定决议，其核心是效率问题。适度加强行政首长的权力与责任，正符合国家行政活动的特点。

其次，首长负责制是以民主制为前提的个人负责制。它在本质上不同于否定民主的个人独裁。这主要表现在，一是国家行政机关的首长都是由法定的民主程序选举或决定任职的，对国家权力机关以及上级国家行政机关负责并受其监督；二是行政首长只能在宪法和法律的范围内依法行使权力，行政首长履行行政职能的权限仅在于对宪法、法律的执行。

最后，首长负责制在制度上结合了合议制的特点。在决定本级政府行政事务中的重大问题时，行政首长都必须先提交有关会议进行民主讨论，然后集中相关意见，作出最后决策。不同的是，这一决策不受少数服从多数原则的限制。这样既保证了在重大决策上的民主讨论和意见表达，又能使行政首长的权力得到实现。

三是政府职能与责任机制。任何一个政府的存在都必须以其拥有的职能作为前提，任何一个政府的运转都以责任作为保障。在我国政府治理体系中，政府职能及其责任机制是政府治理的重要部分，也是我国当前政府治理变革的重要出发点和突破口。

政府职能确定了政府活动的范围和领域。政府职能包括政治职能、经济职能、文化职能、社会职能和生态建设职能。从政府治理的方式和程序来划分，政府职能主要包括计划、组织、指挥、控制、协调、沟通、监督等方面的内容，也就是常说的“程序性职能”。程序性职能是政府基本职能得以实现的手段。从新中国成立到社会主义建设的各个阶段，尤其是到当前的改革开放进入到建立和完善社会主义市场经济体制的阶段，政府职能的内涵更是发生了显著的变迁。为此，当前政府治理体系的改革成为时代的主题，主要原因也就在于政府职能的转变。

新中国初期，面临着巩固新生革命政权的严峻形势，当时把执行阶级统治职能放在首位，是完全正确的。当政权已经巩固、生产资料私有制的社会主义改造基本完成以后，国家的中心任务是经济建设时，政府职能的重点应及时转移到大力发展生产力、强化社会经济管理职能上来。改革开放以后，我国终于实现了工作重点转移，把发挥社会经济管理职能放在首位。就当前而言，转变政府职能是指从适应高度集中的计划经济模式需要的职能，转变为适应社会主义市场经济体制需要的职能；从传统的社会管理职能，转变为现代的社会治理职能。建立一个科学的政府职能体系，才能为社会主义市场经济条件下政府系统的良性运行机制的建立奠定基础。

在社会主义市场经济体制的不断发展和完善的条件下，政府职能及其责任要形成新的定位。主要包括：第一，为经济和社会健康、稳定、持续发展提供有效的公共政策；第二，通过财政、金融、货币等宏观经济调控手段调节市场，引导社会经济发展；第三，通过经济立法、执法等法律手段规范市场主体的行为，维护市场秩序；第四，扩大政府的社会调控和社会服务功能，维持社会秩序，提供社会福利；第五，优化政府本身的管理，实现政府行政的法制化和高效化。

就责任机制而言，重要的就是政府责任监督机制，也就是我们常说的政府监督体系，其核心是行政监督。行政监督是指对国家行政机关及其工作人员的职务行为是否合乎宪法和法律而实施的全面监察与督促。行政监督的目的在于确保国家行政机关及其工作人员依法准确使用行政权力，防止对行政权力的滥用。中国正处于从计划经济体制向社会主义市场经济体制转变的时期，行政腐败是一个比较突出的政治现象。在此情况下，通过加强政府监督，对行政活动进行监控以抑制腐败，促进行政活动规范化，就成为一个更为必要的任务。

从以上我国政府治理体系的历史形成和运行机制中可以看出，我国的政府治理体系产生于特殊的历史时期，又在特殊的民主政治架构和政党政治背景下运行，既存在数千年封建社会遗留的痕迹，同时又受到苏联模式的深刻影响，我国的政府治理体系存在着不少弊端。一是权力过分集中，行政强势地位凸显，人治色彩浓厚。这有三个特点：在中央政府与地方政府权力分配上表现为中央政府高度集权；在政府对经济管理上表现为政经不分、政企不分，政府集中经济管理权过多，实行以行政手段为主的直接微观控制；在政府机构设置上表现为机构庞大臃肿而效率低下。权力淤积在各级政府部门，企业缺乏应有的生机和活力。二是政府治理职能界定不科学、机构设置不合理，效率和效能低下。政府管得过多、过死，形成了政府体系与机制上的无限责任和无限权力，一方面，抑制了个人择业、创业和投资的积极性，形成投资不足、就业机会少等问题；另一方面，政府权力过大，形成了权力部门化、个人化和利益化的局面，腐败问题层出不穷、久治不愈。机构重叠，部门之间、条块之间缺乏协调机构，政府内部工作不协调，或者协调的成本很高；政府行为效率很低，存在公文旅行、文山会海等。三是造成重复建设现象，多头管理，各自为政，导致效率低下，内耗严重。在政府组织的职能配置上，政府部门对职能的切割过于细小。在行政权力的运行方面，缺乏透明度。 在政府的公共服务和社会治理上，政府强调本位利益和缺失被期望的职能。本来政府的职能就是提供公共服务和社会治理，但是，目前政府的突出问题就是政府谋求政府及政府机构本身的利益，而忽视公众期望的公共产品提供，社会治理缺位。四是依法行政观念淡薄，行政随意性强，腐败现象严重。政府运行机制是政府体系运行的一套规则体系。政府体系不是一个静态的躯壳，而是一个动态的有机体。正像一部机器只有开动起来，才能体现它的功能。政府运行机制通过提供一系列规则，界定政府及公务人员的职责范围，约束人们之间的行为和相互关系，从而减少管理中的不确定性，促进行政管理体制的良性运转。长期以来，我国政府运行机制存在很多问题，主要表现为缺乏一套较为完备的规则体系。依法行政观念淡薄，权比法大的思想和现象比较突出;在权力制约方面表现的软弱无力,不仅一些监督制度不健全，即使是已经建立的监督制度，在现实运行中也往往由于各种原因没有发挥应有的作用；人情观念和裙带关系盛行，行政的随意性强，各种贪污腐败现象和不正之风在很多政府治理方面存在。这些都构成了政府治理不善的主要问题，需要在政府治理的改革和建设的实践中加以克服和解决。

二、中国政府治理的基本理论和目的

政府，作为行政机关，是国家政治制度和行政体制的重要构成部分。政府的设立和运作，涉及诸多问题：一个国家的行政权力如何分配，如何行使，如何受到监督制约；行政机构怎样组织，有什么样的政府职能，自上而下的各级政府如何处理相互间关系;如何进行行政体制改革,运用立法权规范行政、实施行政,更有效地发挥政府的作用;等等。党的十八大以来,以习近平同志为总书记的党中央创新性地提出“政府治理”的理念,积极推进行政体制改革,推进法治政府建设和依法行政,加快政府职能转变和机构改革,实行政企分开、政资分开、政事分开、政社分开,实行政务公开,建立权力清单制度和权力运行流程公开制度,大力实施简政放权,加大行政审批制度改革,构成了政府治理新理论、新特征。

政府治理作为国家治理的一个重要方面,其具体内涵如党的十八届三中全会的《决定》所表述的,“科学的宏观调控,有效的政府治理,是发挥社会主义市场经济体制优势的内在要求。必须切实转变政府职能,深化行政体制改革,创新行政管理方式,增强政府公信力和执行力,建设法治政府和服务型政府”。2015 年的《政府工作报告》指出:“我们要全面推进依法治国,加快建设法治政府、创新政府、廉洁政府和服务型政府,增强政府执行力和公信力,促进国家治理体系和治理能力现代化。”[1]2016 年的《政府工作报告》更进一步指出,“加强政府自身建设,提高施政能力和服务水平。重任千钧惟担当。面对异常艰巨复杂的改革发展任务,各级政府要深入贯彻落实新发展理念,把全面建成小康社会使命扛在肩上,把万家忧乐放在心头,建设人民满意的法治政府、创新政府、廉洁政府和服务型政府”[2]。概言之,这几年反复提及、共同聚焦的就是“四个政府”建设问题,这集中体现了中国对政府治理的理解认识,构成了政府治理的基本理论。在中国,政府治理是要通过完成切实转变政府职能,深化行政体制改革,创新行政管理方式,增强政府公信力和执行力等项任务,达到建设法治政府、创新政府、廉洁政府和服务型政府的目的。

法治政府,简言之就是指政府遵循法治、依法行政。党的十八大报告指

[1] 李克强:《政府工作报告》,《人民日报》2015 年 3 月 17 日。

[2] 李克强:《政府工作报告》,《人民日报》2016 年 3 月 18 日。

出，要“建立健全权力运行制约和监督体系。坚持用制度管权管事管人”，“要确保决策权、执行权、监督权既相互制约又相互协调，确保国家机关按照法定权限和程序行使权力”。党的十八届四中全会《决定》进一步将法治政府界定为“职能科学、权责法定、执法严明、公开公正、廉洁高效、守法诚信”六个要求。建设法治政府是社会进步的重要标志，一个文明国家、进步社会，必须有一套完备而又实施良好的法制。法治政府、依法行政，可以有力地助推经济社会发展：一是降低经济活动中的行政管理成本；二是最大限度地激发人们的创业积极性，利用各种制度和机制构建一种只要付出辛劳就能获得成功的社会预期；三是打破因行政管理而形成的垄断，更加合理、高效地配置资源；四是维持统一、公平的市场竞争秩序，确保政令畅通，合法权益得到切实保护，违法行为得到及时制裁；等等。

创新政府，包含两层基本含义，其一是政府推动经济社会发展的立足点，现在必须放在创新驱动上面，而不能靠过去的资源投入、资金投资，应转向主要靠创新驱动。当今世界，各国竞争优势也主要是竞争创新的优势。其二是政府的自身建设也是这样，唯有通过创新，才能降低政府成本，提高政府效能，既要解决政府在创新发展中存在的资源不足、动力不足等瓶颈问题，更要解决政府在创新中存在的体制机制弊端问题。

廉洁政府，就是要求坚持依法用权，尚俭戒奢，深入开展党风廉政建设和反腐败斗争。认真贯彻落实党中央八项规定的精神，坚定不移地走群众路线，坚持不懈地纠正“四风”，继续严格执行国务院的“约法三章”，对腐败分子零容忍、严查处，无论腐败行为是出现在领导机关，还是发生在群众身边，都要严加惩治、绝不留情。

服务型政府，简言之就是为人民服务的、使人民满意的政府。服务型政府具有鲜明的五大特征：一是在政府机构和公务员队伍中，必须具备为人民服务的高尚品质和基本功能、作用；二是在政府职能结构中，公共服务职能更加突出，并逐步成为政府的主要职能或核心职能；三是在政府组织结构上，公共服务部门不仅占有相应的比重，而且占有重要的地位；四是在政府财政支出结构中，公共服务支出所占比例逐渐增大，并成为政府主要支出；五是在政府发展的取向上，必须建立健全惠及全民、公平公正、水平适度、可持续发展的公共服务体系，实现基本公共服务的均等化。

建设法治政府，是规范行政行为实现有效治理的神圣使命。党的十八届四中全会《决定》为建设法治政府指明了路径。第一，要依法全面履行政府职能。完善行政组织和行政程序法律制度，推进机构、职能、权限、程序、责任法定化。行政机关要坚持法定职责必须为、法无授权不可为。推进各级政府事权规范化、法律化，完善不同层级政府特别是中央和地方政府事权法律制度，强化中央政府宏观管理、制度设定职责和必要的执法权，强化省级政府统筹推进区域内基本公共服务均等化职责，强化市县政府执行职责。第二，要健全依法决策机制。把公众参与、专家论证、风险评估、合法性审查、集体讨论决定确定为重大行政决策法定程序，确保决策制度科学、程序正当、过程公开、责任明确。建立重大决策终身责任追究制度及责任倒查机制，对决策严重失误或者依法应该及时作出决策但久拖不决造成重大损失、恶劣影响的，严肃追究行政首长、负有责任的其他领导人员和相关责任人员的法律责任。第三，深化行政执法体制改革。根据不同层级政府的事权和职能，按照减少层次、整合队伍、提高效率的原则，合理配置执法力量。推进综合执法，理顺行政强制执行体制。严格实行行政执法人员持证上岗和资格管理制度，未经执法资格考试合格，不得授予执法资格，不得从事执法活动。健全行政执法和刑事司法衔接机制，完善案件移送标准和程序，建立行政执法机关、公安机关、检察机关、审判机关信息共享、案情通报、案件移送制度，实现行政处罚和刑事处罚无缝对接。第四，坚持严格规范公正文明执法。依法惩处各类违法行为，加大关系群众切身利益的重点领域执法力度。完善执法程序，建立执法全过程记录制度，明确具体操作流程。建立健全行政裁量权基准制度，全面落实行政执法责任制。第五，强化对行政权力的制约和监督。加强党内监督、人大监督、民主监督、行政监督、司法监督、审计监督、社会监督、舆论监督制度建设，努力形成科学有效的权力运行制约和监督体系，增强监督合力和实效。加强对政府内部权力的制约，建立常态化监督制度。完善纠错问责机制，完善审计制度，推进审计职业化建设。第六，全面推进政务公开。坚持以公开为常态、不公开为例外原则，推进决策公开、执行公开、管理公开、服务公开、结果公开。各级政府及其工作部门依据权力清单，向社会全面公开政府职能、法律依据、实施主体、职责权限、管理流程、监督方式等事项。重点推进财政预算、公共资源配置、重大建设项目批准和实施、社会公益事业建设等领域的政府信息公开。涉及公民、法人或其他组织权利和义务的规范性文件，按照政府信息公开要求和程序予以公布。推行行政执法公示制度。推进政务公开信息化，加强互联网政务信息数据服务平台和便民服务平台建设。

建设创新政府，是代表着政府未来正确发展的前进方向。政府创新，就是要创新政府治理的方式、方法和手段。例如，加强创新政府建设，最重要的是必须做到决策的科学化民主化。怎样保证决策科学民主？有一个重要的条件就是决策不能只由领导人的脑袋来决定。领导人的脑袋很重要，但也不能够只是靠领导者的脑袋，要善于借助外脑。这个外脑就是现在中央提出来的智库，也叫思想库。习近平非常重视思想库建设，他提出，中国要建立一批有国际影响力的高端智库。为此，中共中央出台了《关于加强中国特色新型智库建设的意见》，在《意见》里面提出，要统筹推进党政部门、社科院、党校、行政学院、高校、军队、科研院所和企业以及社会智库协调发展，今后的决策需要通过智库来提交咨询报告。

建设廉洁政府，是人民群众的迫切愿望。党中央和国务院已经提出，党风廉政建设和反腐败斗争永远在路上。什么叫“永远在路上”？就是反腐败斗争是不会停止的，反腐败斗争上不封顶、不会设限；下无死角，也不定量，一反到底，除恶务尽。党的十八大以来的“打虎拍蝇”，已经取得了显赫的战绩，但今后的反腐败仍然面临着严峻复杂的形势，不但要继续清除腐败的存量,更重要的是要遏制腐败的增量,不让腐败继续产生。为了实现这样的目的，必须走制度反腐的道路，要确定制度反腐的根本保障措施。这就是中央提出要形成和建构“不敢腐、不能腐、不想腐”的“三不”反腐制度体系。只有彻底地清除政府中的腐败，才会兴党兴国。

建设服务型政府，是人民群众的根本要求。政府必须坚持主动作为，狠抓落实，切实做到勤政为民。广大公务员特别是领导干部要始终把为人民谋发展增福祉作为最大责任，始终把现代化建设使命扛在肩上，始终把群众冷暖忧乐放在心头。各级政府要切实履行职责,狠抓贯彻落实,创造性开展工作。为此，要采取以下四大措施：第一，树牢勤政为民的理念。服务型政府，总的要求就是政府机关和公务员要以为人民服务的思想作为根本指导，要以公民的利益为本位，以公共需求为尺度，把公共服务职能作为核心职能，尽最大可能公正地、有效地为公民提供满意、高质量的公共产品和公共服务。公务员必须树牢以人民为主体地位、人民高于一切的思想。第二，完善政绩考核的评价机制。要加快服务型政府建设,需要能够提供优质服务的公务员队伍,要对公务员进行政绩考核评价。对实绩突出的，要大力褒奖；对工作不力的，要约谈诫勉。第三，树立榜样、褒奖先进。第四，治理为官不为、庸政懒政怠政，对官场不正之风要进行严肃治理。

三、中国政府治理建设的途径和任务

当代中国的政府治理建设，其动力既来自市场、社会以及国际力量的推动，又来自政府对自身结构和功能的认识和基于这种认识基础上的自我改善。政府是推动经济社会进步，实现国家现代化的主体力量，又是接受现代化过程冲击和考验的客体对象。中国的政府治理是一个开放性的系统工程，必须从政府自身、政府外部的各因素以及政府与公民、社会之间的互动中去寻求建设发展的途径和任务。具体而言，包括以下几个方面：

一是改革政府机构，建立强而精的政府。改革开放以来的政府机构和人事制度改革以及行政法制建设等都属于中国政府治理的范畴。自党的十四大确定要建立社会主义市场经济体制后，党的十五大又把行政改革的目标确定为“按照发展社会主义市场经济的要求，建立办事高效、运转协调、行为规范的行政管理体系，完善公务员制度，建设高素质的专业化行政管理干部队伍”。中国应坚持这个目标，逐步地精简机构和人员，理顺职能与内部关系，完善法律和法规，改革行政管理的流程和内部制度，使能适应社会化、专业化、合理化、科学化的行政管理体制建立得更加完美，运转更加协调，从而提高政府治理的行政效率和公共能力。

二是培育社会中介组织，建立政府与社会的合作。除了要理顺政府组织内部的结构与相互关系之外，更为重要的是要处理好政府与社会的关系。任何一种理论都不可避免要涉及政府的地位和作用，尤其是以公民权利为本位的国家，政府的地位更是受到限制。我国历来有重政府、轻社会的传统，要改变这种状况，要顺利实现计划经济向市场经济转型，实现政府职能的转变，就必须培育和发展社会中介组织，完善社会的自组织结构，培养社会的自治与自律能力，建立政府与社会的相互依赖、相互协作的互动关系。

三是重视公民的参与治理积极性，实现治理民主化。在西方，参与治理被作为一种公共行政改革的基本模式，受到理论界与实践者的高度重视。公民，不仅是作为顾客，是上帝，要求享受各种服务和权利，而且也应成为公共服务的监督者，必须在参与治理中实现自己的权利和价值。此外，西方人士从管理心理学的角度，论证了公民和低层公务员作为最直接、最了解公共需要的群体，通过吸收他们参加决策过程与治理过程，发挥他们的积极性，可以提高公共服务的质量和效率。当前，中国在实施政务公开方面进行大量的努力，在基层民主自治方面也取得了可喜的成就，应大力发展和支持政府治理民主化的实践，逐步健全人民参与治理、监督公共行政的系统配套制度。

四是变革行政管理具体方式，实现政府治理制度创新。“政府掌舵而不划桨……政府授权而不必躬亲……”[1]西方国家在公共行政改革中提出的企业型政府范式，其实质上是改变传统的行政管理方式，从而实现提供更高效的公共服务和公共产品。在具体方式上，通过市场机制在公共服务领域的运用，通过合同出租、私营化、合营化等各种灵活多样的方式，来实现和扩大政府的公共职能。中国也要明确公共生活领域权力主体多样化的现实，灵活地运用行政指导、行政合同、行政规制、行政许可以及各种经济法律的手段来实现公共职能，最大限度地以最低的成本求得最大效益的收获，最大限度地满足人民的公共需要。

当代中国政府治理建设，处于全面建成小康社会决胜阶段的大背景之下。在全面建成小康社会决胜阶段，中国经济面临着下行压力，为了更好地发展，需要加强供给侧结构性改革，增强持续增长动力。围绕着解决重点领域的突出矛盾和问题，必须加快破除体制机制障碍，以供给侧结构性改革提高供给体系的质量和效率，进一步激发市场活力和社会创造力，这为推进中国政府治理改革提供了新动力，但同时表明，经济要发展，确实也离不开搞好政府治理改革。为了推进中国政府治理建设，必须完成以下七项任务：

一是推动简政放权、放管结合、优化服务改革向纵深发展。这项改革任务包含的要点比较多：第一，要以敬民之心，行简政之道，切实转变政府职能、提高效能。第二，要继续大力削减行政审批事项，并且注重解决放权不同步、不协调、不到位问题，对下放的审批事项，要让地方能接得住、管得好。第三，要深化商事制度改革，开展证照分离试点。第四，要全面公布地方政府权力和责任清单，在部分地区试行市场准入负面清单制度。第五，对行政事业性收费、政府定价或指导价经营服务性收费、政府性基金、国家职业资格，实行目录清单管理。深化价格改革，加强价格监管。第六，修改和废止有碍发展的行政法规和规范性文件。创新事中事后监管方式，全面推行“双随机、

[1] [美]戴维·奥斯本、[美]特德·盖布勒：《改革政府：企业精神如何改革着公营部门》，上海译文出版社 1996 年版，第 21、293 页。

一公开”监管，随机抽取检查对象，随机选派执法检查人员，及时公布查处结果。第七，推进综合行政执法改革，实施企业信用信息统一归集、依法公示、联合惩戒、社会监督。[1]

二是大力推行“互联网 + 政务服务”、推进政府信息化建设。2016 年的《政府工作报告》指出，“加快政务信息化建设，实现部门间数据共享，让居民和企业少跑腿、好办事、不添堵。”[2]“互联网 + 政务服务”说起来是信息化建设，但实质是一种国家能力的建设，对政务公开、政府职能转变和行政体制变革具有重要推动作用。现在，整个互联网技术也更加发达，以此为基础的大数据正在深刻影响着经济社会生活。多年来，政府在信息化建设方面投入力度不断加大，许多政府部门硬件设备获得极大改善，但在农村、基层和偏远地区硬件设备则相对薄弱。加快信息化建设更为重要的问题在于，必须解决部门利益阻挠，使得信息内部掌握而不对外公开，从而造成信息孤岛现象。还要调整信息建设机制，克服以部门为中心的信息建设导致不能互联互通，对软件开发和系统维护不重视的问题。2015 年 8 月，国务院常务会议审议通过的《大数据发展行动纲要》，确立了把政府大数据建设和创造健康发展的大数据作为核心内容，指明了信息化建设的基本方向。

三是推进大部制改革，优化行政层级和行政区划设置。大部制改革是一个系统工程，不仅是横向，也包括纵向改革；不仅是中央政府机构的改革，也是包括各个地方政府在内的行政机构改革。大部制改革，不光是整合出几个大部门的事情，在地方搞大部制，主要还涉及国家现行行政层级比较多的问题。现在中国大陆有 31 个省区市，有的省管上百个县，最多的有一百五六十个县，目前提出的省直接管县（市），就是想裁掉地级市这一级的行政管理层级，从而减少一个行政层级。但是，按照现有的国家行政区划设置，省级政府搞了大部制改革后，又怎能管得过来？一个省通常管辖四五十个县

[1] 李克强：《政府工作报告》，《人民日报》2016 年 3 月 18 日。

[2] 李克强：《政府工作报告》，《人民日报》2016 年 3 月 18 日。

还可以，要是管辖了七八十个甚至一百多个，就不一定能管过来和管得好了。因此，党的十八大报告提出，要优化我国的行政层级和行政区划设置，在有条件的地方逐步探索省直接管理县（市）改革，推进和深化乡镇行政体制改革。[1]

四是推进事业单位制度改革。目前，我国事业单位共有110多万个，3100多万正式职工，1000多万离退休人员，总共4000多万人，完全由政府负担。一些事业单位功能定位不清、政事不分、事企不分、机制不活，国家支持公益服务的政策还不够完善。这些问题影响了公益事业的健康发展，迫切需要通过推进事业单位改革加以解决。依据其社会功能，现在把现有事业单位划分为承担行政职能、从事公益服务、从事经营活动三类。同时，根据职能任务、服务对象和资源配置方式，公益服务单位，进一步细分为公益一类和公益二类，确保其公益属性和生机活力。可见，社会功能是否为公益性质，是划分现有事业单位三大类的唯一标准。通过推进事业单位制度改革，到2020年建立新管理体制，将形成新的事业单位管理体制和运行机制，形成中国特色公益服务体系。

五是推进政府廉洁履职和反腐败斗争。要落实履行党风廉政建设的主体责任，严厉整治各种顶风违纪的行为。《中国共产党纪律处分条例》第一百一十四条规定，"党组织不履行全面从严治党主体责任或者履行全面从严治党主体责任不力，造成严重损害或者严重不良影响的，对直接责任者和领导责任者，给予警告或者严重警告处分；情节严重的，给予撤销党内职务或者留党察看处分。"各级政府的负责人，要切实承担起党风廉政建设主体责任，凡是失职失责者，必须受到纪律的惩处。要加强行政监察工作，推进审计监督的全覆盖。以减权、限权、创新监管等举措，减少寻租空间，铲除滋生腐败的土壤。要推动党风廉政建设持续深入发展，特别向基层延伸，纠正侵害

[1] 许耀桐：《大部制改革存在的问题多 亟需全盘规划》，《南方都市报》2013年3月3日。

群众利益的各种歪风邪气，惩治腐败、除恶务尽。

六是坚决处理为官不为，克服庸政懒政怠政。当前，在政府治理改革中，治理工作不力、为官不为、庸政懒政怠政，成了一个迫切需要回答和解决的问题。政府中确实有不少官员勤奋奉公，追求创新，但也确实有一些官员思想境界不高、精神萎靡不振、出工不出力、疲疲沓沓、安于现状、乐于守成。这后面一部分人或者工作不上心，多一事不如少一事；或者感叹现在当官没好处，得过且过，对事情拖着磨着，甚至搞“不给好处不办事”；或者不敢担当，怕惹问题，怕遭非议，遇到矛盾躲着来，碰到困难绕道走，不愿得罪人，充当老好人。进一步整肃和解决官员庸政懒政怠政的问题，必须采取有力的举措：第一，要把公务员和干部勤政务实、干事创业的精神动力激发起来，增强公仆意识、责任意识。第二，要把公务员和干部勤政务实、干事创业的物质动力激发起来，注重党在执政条件下公务员和干部的个人利益问题，切实解决公务员和干部收入过低和干事创业效益与其物质待遇不相称的问题。第三，要有效激发公务员和干部勤政务实、干事创业的动力，还要让制度释放出巨大能量。必须营造良好的从政环境、政治生态和干事创业的宽松氛围，要健全激励机制和容错纠错机制。凡是在改革中出现失误的，只要不是为了私利，就要宽容失误，给改革创新者撑腰鼓劲，让广大干部愿干事、敢干事，也能干成事，使他们心情愉悦，敢于担当。

七是加快各项政府治理制度的更加成熟定型。1992 年，邓小平在南方谈话时指出，要用 30 年时间使中国特色社会主义的各方面制度更加成熟更加定型。按照这样的时间表，应该于 2020 年完成这样的工作。在政府制度方面，一要成熟完善行政领导制度。国务院是中国最高国家行政机关，实行总理负责制，总理负责国务院的全面工作，副总理和国务委员协助其工作。由总理召集和主持国务院全体会议、国务院常务会议，国务院工作中的重大问题，必须经全体会议或常务会议讨论。中国的行政领导职权是带有合议性质的总理负责制。在中国的各级地方人民政府机关中，也普遍采取首长负责制，既体现了集体领导，又有利于分清职责、快速高效地进行行政领导。二要成熟完善行政立法制度。宪法规定，国务院“根据宪法和法律，规定行政措施，制定行政法规，发布决定和命令”。行政立法可分为制定行政法规和制定行政规章两种。制定行政法规：由国务院发布的行政法规，由国务院总理签署发布令，行政法规涉及的范围很广，可涵盖国务院的管理范围。制定行政规章：行政规章是指国务院组成部门、直属特设机构、直属机构、经授权的直属事业单位，各省、自治区、直辖市人民政府，省、自治区人民政府所在地的市、经济特区所在地的市和经国务院批准的较大的市的人民政府，根据宪法、法律或行政法规，在自己的职权范围内制定的规定、办法。三要成熟完善行政执行制度。要坚持严格规范公正文明执法，依法惩处各类违法行为，加大关系群众切身利益的重点领域执法力度，健全行政执法和刑事司法衔接机制，建立健全行政裁量权基准制度，全面落实行政执法责任制，完善纠错问责机制。

第七章

发展民主是国家治理之根

国家治理，自古希腊的城邦（国家）产生以来，就表现为民主和专制的对立。在古希腊200多个城邦中，雅典和斯巴达是最具有实力的两个典型代表。当时，雅典是民主、进步、文学繁荣的城邦；而斯巴达却是保守、独裁、军事统治的城邦。雅典国家治理所主张的民主，希腊文为demokratia，是由demos和kratia两词合成的。demos是指人民，kratia则是指权力或统治。民主，就是指人民的政权和按照人民意愿进行的统治和治理。民主的国家治理，成为当代国家治理之根。

一、国家治理必须坚持人民主体地位

中国的国家治理之所以要发展民主，因为民主是以人民为主体的，只有人民成为国家的主人，拥有国家的权力，才能实现人民当家作主。

正因为民主与人民主体地位和人民当家作主相联系，马克思主义高度重视民主的发展。马克思、恩格斯阐述了民主是社会主义的根本目的，在《共产党宣言》中指出："工人革命的第一步就是使无产阶级上升为统治阶级，争得民主。"[1]列宁在领导社会主义革命和社会主义国家的建设中更明确地指出，"没有民主，就不可能有社会主义，这包括两个意思：（1）无产阶级如果

[1] 《马克思恩格斯选集》第1卷，人民出版社1995年版，第293页。

不通过争取民主的斗争为社会主义革命作好准备，它就不能实现这个革命；（2）胜利了的社会主义如果不实行充分的民主，就不能保持它所取得的胜利，并且引导人类走向国家的消亡。”[1] 在中国进入改革开放新时期后，邓小平也明确指出：“没有民主就没有社会主义，就没有社会主义的现代化”，“民主化和现代化一样，也要一步一步地前进。社会主义愈发展，民主也愈发展。”[2]

发展民主，必须坚持人民主体地位，坚持人民主体地位构成民主的真义。唯其如此，民主才成为当代国家治理之根，失去了它就失去一切。党的十八大报告庄严宣告：“必须坚持人民主体地位。中国特色社会主义是亿万人民自己的事业。要发挥人民主人翁精神，坚持依法治国这个党领导人民治理国家的基本方略，最广泛地动员和组织人民依法管理国家事务、管理经济和文化事业、积极投身社会主义现代化建设，更好保障人民权益，更好保证人民当家作主。”以习近平同志为总书记的党中央牢记这样的政治承诺，更加坚定地坚持人民主体地位的崇高信念。

为什么必须坚持人民主体地位的崇高信念？首先，人民群众是中国特色社会主义各项事业的创造主体。中国特色社会主义是前无古人的事业，在这项全新的事业中，人民群众始终发挥着创造作用。在改革开放新时期，广大人民群众在中国共产党的带领下，充分发挥首创精神，开拓进取，不断创新，在经济、政治、文化、社会和生态文明建设的各个领域，取得了举世瞩目的伟大成就，使中国特色社会主义道路越来越宽广，理论体系越来越丰富，制度越来越完善。

其次，人民群众是中国特色社会主义各项事业的发展主体。中国特色社会主义是长期持续发展的事业，人民不但是这项事业的创造主体，同样是这项事业的发展主体。没有人民主体地位作用的发挥，就不可能有中国特色社会主义各项事业的持续发展。从中国特色社会主义的发展进程来看，人民群

---

[1] 《列宁全集》第 28 卷，人民出版社 1990 年版，第 168 页。

[2] 《邓小平文选》第 2 卷，人民出版社 1994 年版，第 168 页。

众切实担当起了国家主人的责任，通过民主选举选出自己的代表，依法积极参与国家事务和社会事务，充分行使自己的知情权、参与权、表达权、监督权，对经济政治文化社会各项事业进行民主决策、民主治理、民主监督，确保我国的社会主义市场经济、民主政治、先进文化、社会建设和生态文明建设，始终沿着中国特色社会主义的正确方向前进。

第三，人民群众是中国特色社会主义各项事业的治理主体。中国特色社会主义坚持依法治国，人民是国家治理的主人，在依法治国中处于主体地位，起着主体作用。人民代表大会制度是保证人民当家作主的根本政治制度，人民通过法治的方式实现当家作主，人民以法治的方式治理国家。人民是依法治国的力量源泉。必须坚持法治建设为了人民、依靠人民、造福人民、保护人民，以保障人民根本权益为出发点和落脚点，保证人民依法享有广泛的权利和自由、承担应尽的义务，维护社会公平正义，促进共同富裕。必须保证人民在党的领导下，依照法律规定，通过各种途径和形式参与治理国家事务和社会事务。

坚持人民主体地位，是共产党的光荣职责。作为执政的共产党人、领导干部，无论何时都必须认识到，人民群众是我们党的力量之源、胜利之本、执政之基，也是实现中国梦的根本力量。坚持人民主体地位，就要充分激发人民群众的创造活力。必须尊重劳动、尊重知识、尊重人才、尊重创造，积极营造鼓励人们干事业、支持人们干成事业、帮助人们干好事业的社会氛围。要广泛集中人民群众的智慧，要把群众路线贯穿于决策和工作的全过程，问政于民、问需于民、问计于民，做到决策前认真听取群众意见呼声，在群众的实践活动中接受检验并完善决策。

坚持人民主体地位，作为执政的共产党人、领导干部无论何时都必须认识到，人民群众是社会财富的创造主体，同时又是享有社会财富、不断满足自身需要的利益主体，必须把实现好、维护好、发展好最广大人民的根本利益作为我们一切工作的出发点和落脚点。经过改革开放 30 多年的发展，人民群众物质文化生活水平不断提高，需求层次也不断提高，利益诉求更加多样。应在继续加大保障和改善民生力度的同时，主动把握人民群众的新期待、新要求，以实现人的全面发展为目标，更好地保障人民群众各方面权益。

坚持人民主体地位，作为执政的共产党人、领导干部无论何时都要按照群众路线的要求，树立群众观点、站稳群众立场，解决好“为了谁、依靠谁、我是谁”的问题。这就要求我们的党员、干部，一定要尊重群众首创精神，虚心向群众学习，使我们党的理论和路线方针政策建立在人民群众的利益、愿望和实际状况的基础上。要牢记人民主体地位就是人民是权力的主体，从权力的来源看，党员、干部必须牢记权为民所赋;从权力运行的目的看，党员、干部必须牢记权为民所用;从权力的责任看，党员、干部必须牢记权为民所管。必须自觉接受人民群众的监督，不断改进工作、勇于修正错误、提高水平能力，永葆共产党人政治本色。我们党历来具有敢于坚持真理的优良传统和优秀品质。

对于执政的共产党来说，能否坚持人民主体地位，最关键的在于我们的干部、官员能否正确对待手中的权力，当好人民的公仆。经济学上有一个著名定律，即“劣币驱逐良币”，说的是成色不良的铸币与成色优良的铸币在市场上一样流通，人们往往将良币收藏起来，久而久之良币会逐渐退出流通，而市面上流通的都是成色不良的劣币——劣币把良币赶出了市场。劣币能够驱逐良币，主要在环境生态使然，这一定律也存在于一些政治生态不良的地方，而坏的政治生态就如同一个大染缸，在“劣币驱逐良币”的官场政治生态下，一些“优质者”也会被“劣质者”或者被搞团团伙伙的帮派“小圈子”所排挤掉。要防止“劣币驱逐良币”，关键是必须营造良好的政治生态环境。为此，必须科学认识公共权力，应强调三个方面：一是公共权力的为民性，二是公共权力的有效性，三是公共权力的纯洁性。正是基于此，党的十八大后以习近平同志为总书记的党中央在全党开展群众路线教育实践活动，就明确地将主题定位在“为民务实清廉”，通过坚持群众路线，使干部紧密联系群众常态化，不断强化人民主体地位的信念，消除权力腐败，形成良好的政治生态环境。

二、中国国家治理需要新型民主观

无论是人民主体地位还是人民当家作主，都离不开民主政治发展。对于民主问题，1979 年邓小平在《坚持四项基本原则》的讲话中，根据社会主义几十年正反两面的经验教训明确指出，要“努力扩大党内民主和人民民主”[1]，一定要实现“社会主义国家的民主化”[2]。在邓小平倡导下，中国共产党把建设社会主义民主政治，作为中国特色社会主义建设的根本目标和根本任务之一。

但是，随着时代的发展，究竟中国应该怎么认识民主、发展民主，成为党的十八大之后面临的焦点问题。现在，不可否认西方国家的民主碰到很大的困境，遭遇很大的麻烦。西方发达国家向东方不发达国家输出民主也遭到很大的质疑，打了很大的折扣。由于一些非西方的国家，例如乌克兰、泰国、突尼斯、利比亚、埃及等国，信奉民主形式唯一论，盲目地照搬照用西方民主，带来的不是繁荣安定的福音，而是纷争动乱的祸源，事实上这已经宣告了“民主形式等于西方模式”“西方民主模式是唯一的”破产和终结。

2014 年 9 月 5 日和 21 日，习近平分别发表了《在庆祝全国人民代表大会成立 60 周年大会上的讲话》《在庆祝中国人民政治协商会议成立 65 周年大会上的讲话》。这是论述中国社会主义民主政治的重要文献，代表着中国共产党对民主问题的最新认识。两篇《讲话》深刻地、创新性地阐释了中国特色社会主义民主政治众多的重大理论问题，由此宣示了中国新型民主观的诞生。

中国新型民主观的诞生，是建立在全新的、坚实的制度基础之上的。习近平明确指出：“在中国，发展社会主义民主政治，保证人民当家作主，保证

[1] 《邓小平文选》第 2 卷，人民出版社 1994 年版，第 168 页。

[2] 《邓小平文选》第 2 卷，人民出版社 1994 年版，第 169 页。

国家政治生活既充满活力又安定有序，关键是要坚持党的领导、人民当家作主、依法治国有机统一。人民代表大会制度是坚持党的领导、人民当家作主、依法治国有机统一的根本制度安排。”[1]

以人民代表大会制度作为中国发展民主政治的根本政治制度，是中国新民主观创新的立足点。习近平指出：“以什么样的思路来谋划和推进中国社会主义民主政治建设，在国家政治生活中具有管根本、管全局、管长远的作用。古今中外，由于政治发展道路选择错误而导致社会动荡、国家分裂、人亡政息的例子比比皆是。中国是一个发展中大国，坚持正确的政治发展道路更是关系根本、关系全局的重大问题。”[2] 人民代表大会制度是中国发展社会主义民主政治最为正确的道路选择。“人民代表大会制度是中国特色社会主义制度的重要组成部分，也是支撑中国国家治理体系和治理能力的根本政治制度。”[3]

通过体现党的领导、人民当家作主、依法治国有机统一的人民代表大会制度发展中国社会主义民主政治，是一种坚实牢靠的新型民主形式。习近平指出：“实现民主的形式是丰富多样的，不能拘泥于刻板的模式，更不能说只有一种放之四海而皆准的评判标准。”[4] 长期以来，由于西方国家率先通过资产阶级革命，推翻了封建专制统治，形成了民主政体和民主制度的模式。人们由此产生了根深蒂固的观念和思维惯性，“天下民主、定于一尊”，民主只能有一种，那就是西方民主，只有西方的民主才称之为民主，其他的民主都不能算作民主。这当然陷入了认识民主的误区。

橘生淮南则为橘，橘生淮北则为枳，本来这是一个极为普通的道理。然而，

---

[1] 习近平：《在庆祝全国人民代表大会成立60周年大会上的讲话》，《人民日报》2014年9月6日第2版。

[2] 习近平：《在庆祝全国人民代表大会成立60周年大会上的讲话》，《人民日报》2014年9月6日第2版。

[3] 习近平：《在庆祝全国人民代表大会成立60周年大会上的讲话》，《人民日报》2014年9月6日第2版。

[4] 习近平：《在庆祝中国人民政治协商会议成立65周年大会上的讲话》，《人民日报》2014年9月22日第2版。

人们也往往容易在常识上犯错误。现在，习近平强调民主绝非只是一种“刻板的形式”和唯一的“评判标准”，民主应该是多样化的，它在现实中会表现出各种形态。名非天造，必从其实，习近平高度肯定了“中国特色社会主义民主是个新事物,也是个好事物”[1]。这就从根本上否定了民主只能是一种“西式”的冠名，为应该提出、而且也必须提出不同于西方的中国特有的新民主政治观，扫清了思想障碍，确立了科学前提。

发展符合中国国情的社会主义民主政治的新型民主观，是由以下诸多方面的全新要素构成的。

——新型民主观主张“中国共产党领导人民实行人民民主”[2]。在西方看来,民主就是多党竞争,怎么能由一个政党来领导民主呢,这当然是一种偏见。在中国，共产党全心全意为人民服务的性质和宗旨，善于倾听人民的声音和意见，自觉接受人民的监督，决定了它不但可以领导民主，而且能使民主卓有成效。“发展社会主义民主政治，关键是要增加和扩大我们的优势和特点，而不是要削弱和缩小我们的优势和特点。我们要坚持发挥党总揽全局、协调各方的领导核心作用，提高党科学执政、民主执政、依法执政水平，保证党领导人民有效治理国家，切实防止出现群龙无首、一盘散沙的现象。”[3]而作为西方国家的政党，则只有一个功能，就是捞取选票的功能，竭尽全力取得选举的胜利、上台执政，而根本上没有组织和领导民主的功能。

——新型民主观主张“保证和支持人民当家作主”[4]。这样的保证和支持人民当家作主，绝不是一句口号，也不是一句空话，而是必须落实到国家政

[1] 习近平:《在庆祝全国人民代表大会成立60周年大会上的讲话》,《人民日报》2014年9月6日第2版。

[2] 习近平:《在庆祝中国人民政治协商会议成立65周年大会上的讲话》,《人民日报》2014年9月22日第2版。

[3] 习近平:《在庆祝全国人民代表大会成立60周年大会上的讲话》,《人民日报》2014年9月6日第2版。

[4] 习近平:《在庆祝中国人民政治协商会议成立65周年大会上的讲话》,《人民日报》2014年9月22日第2版。

治生活和社会生活之中，具体地保证人民能够依法享有有效行使管理国家事务、管理经济和文化事业、管理社会事务的权力。这与西方民主表面上尊重人的自由和选择意愿、尊重人的权利和法治规则，但实际上忽视和搁置了公民的管理权力，形成了明显的对比。

——新型民主观主张“坚持和完善人民代表大会制度，必须坚持民主集中制”[1]。民主集中制是中国共产党实践民主政治的创造，是中国国家组织形式和活动方式的基本原则。人民代表大会统一行使国家权力，全国人民代表大会是最高国家权力机关，地方各级人民代表大会是地方国家权力机关。各级人民代表大会都由民主选举产生，对人民负责、受人民监督；各级国家行政机关、审判机关、检察机关都由人民代表大会产生，对人大负责、受人大监督；国家机关实行民主集中制，决策权、执行权、监督权既有合理分工又有相互协调；在中央统一领导下，充分发挥地方主动性和积极性，保证国家统一高效组织推进各项事业。

——新型民主观的实质在于协商民主。“协商民主是中国社会主义民主政治中独特的、独有的、独到的民主形式”[2]。只有通过协商民主，才能够把人民最广泛地、最大限度地涵盖进来、包容起来。习近平指出：“在中国社会主义制度下，有事好商量，众人的事情由众人商量，找到全社会意愿和要求的最大公约数，是人民民主的真谛。”[3] 新民主观发展民主政治，更借重于协商民主形式。中国实行民主，虽然包含选举民主，但两者比较起来，协商民主更为重要。诚然，中国的新民主观没有也不能排斥选举民主，选举民主是不可或缺的。选举民主和协商民主，即人民通过选举、投票行使权利和人民内部各方面在重大决策之前进行充分协商，尽可能就共同性问题取得一致意见，

[1] 习近平:《在庆祝全国人民代表大会成立60周年大会上的讲话》,《人民日报》2014年9月6日第2版。

[2] 习近平:《在庆祝中国人民政治协商会议成立65周年大会上的讲话》,《人民日报》2014年9月22日第2版。

[3] 习近平:《在庆祝中国人民政治协商会议成立65周年大会上的讲话》,《人民日报》2014年9月22日第2版。

这是中国社会主义民主的两种重要形式。并且，在中国这两种民主形式不是相互替代、相互否定的，而是相互补充、相得益彰的，共同构成了中国社会主义民主政治的制度特点和优势。但是，若对这两种形式进行比较的话，显而易见，协商民主更为重要。这正如习近平所说的，“社会主义民主不仅需要完整的制度程序，而且需要完整的参与实践。人民当家作主必须具体地、现实地体现到中国共产党执政和国家治理上来，具体地、现实地体现到中国共产党和国家机关各个方面、各个层级的工作上来，具体地、现实地体现到人民对自身利益的实现和发展上来。”[1] 高度重视协商民主，这也与西方国家的民主形成了巨大的反差。西方国家，则只讲公民的投票权利，而忽视公民广泛参与的民主权利，选民只有在投票时被唤醒、投票后就进入休眠期。从这样的实际情况看，西方民主不过是徒具形式、内容空空而已。

新型民主观作为中国发展民主政治的一种崭新的民主理论，其自身必然带有一系列的鲜明特点。这些特点决定了中国新民主政治观具有强大的生命力和发展前景。

一是新型民主观体现了中国共产党老一辈领导人早就为其奠定了理论根基的特点。根据党的有关文献，习近平在讲话中做了有力的引述佐证。毛泽东曾说过，国家各方面的关系都要协商。我们的政府可以叫它是个商量政府。周恩来也曾说过，新民主主义的议事精神不在于最后的表决，主要是在于事前的协商和反复的讨论。可见，毛泽东、周恩来很早就强调了中国民主应该是协商民主的这一最重要和最具特色的问题。

二是新型民主观体现了具有久远的历史传统和历史来源的特点。习近平从五个方面作了揭示：第一方面，它是源自中华民族长期形成的天下为公、兼容并蓄、求同存异等优秀政治文化；第二方面，它是源自近代以后中国政治发展的现实进程；第三方面，它是源自中国共产党领导人民进行革命、建设、

[1] 习近平：《在庆祝中国人民政治协商会议成立65周年大会上的讲话》，《人民日报》2014年9月22日第2版。

改革的长期实践;第四方面，它是源自新中国成立后各党派、各团体、各民族、各阶层、各界人士在政治制度上共同实现的伟大创造；第五方面，它是源自改革开放以来中国在政治体制上的不断创新。这五个方面的来源，决定了中国新型民主政治观具有深厚的文化基础、理论基础、实践基础、制度基础。

三是新型民主观体现了贯彻党的群众路线和民主集中制的领导制度与组织原则的特点。新型民主观强调的社会主义协商民主，是中国共产党的群众路线在政治领域的基本定论，群众路线从根本上决定了中国共产党必须紧紧依靠人民治国理政。中国共产党领导民主、实践民主，也必须按照群众路线的要求，坚持一切为了群众，一切依靠群众，从群众中来，到群众中去，把自己的正确主张变为群众的自觉行动。群众路线在领导制度和工作规则上，就是要求必须实行民主集中制。“从群众中来”,是民主基础上的集中过程;“到群众中去”，是集中指导下的民主过程;这两个过程归根到底都是民主的过程，人民群众当家作主的过程。由于民主集中制体现了反复的协商、广泛的协商，所以，这样的协商过程就是发扬民主、集思广益的过程，就是统一思想、凝聚共识的过程，就是科学决策、民主决策的过程，就是实现人民当家作主的过程。

四是新型民主观体现了能对中国共产党自身提出严格要求的特点。我们必须承认，中国特色社会主义民主政治，包括它的协商民主在内，在实践中还会碰到很多的阻力，实行起来没有那么容易。唯其如此，我们党对自己就要严格要求，习近平指出，“应该是实实在在的、而不是做样子的，应该是全方位的、而不是局限在某个方面的，应该是全国上上下下都要做的、而不是局限在某一级的。因此，必须构建程序合理、环节完整的社会主义协商民主体系，确保协商民主有制可依、有规可守、有章可循、有序可遵”[1]。要达到这样的要求，当然需付出艰辛的努力。例如，按照这样的要求，就应该通过

[1] 习近平：《在庆祝中国人民政治协商会议成立65周年大会上的讲话》,《人民日报》2014年9月22日。

各种方式，在各个层级、各个方面同群众进行协商。要完善基层组织联系群众制度，加强议事协商，做好上情下达、下情上传工作，保证人民依法管理好自己的事务。要推进权力运行公开化、规范化，完善党务公开、政务公开、司法公开和各领域办事公开制度，让人民监督权力，让权力在阳光下运行。

五是新型民主观体现了特别重视和强调民主实效性的特点。习近平一语破的地指出，“民主不是装饰品，不是用来做摆设的，而是要用来解决人民要解决的问题的”[1]。我们之所以那么重视协商民主，就是因为它可以有效克服党派和利益集团为自己的利益相互竞争甚至相互倾轧的弊端；可以广泛畅通各种利益要求和诉求进入决策程序的渠道，有效克服不同政治力量为了维护和争取自己的利益固执己见、排斥异己的弊端；可以广泛形成发现和改正失误和错误的机制，有效克服决策中情况不明、自以为是的弊端；可以广泛形成人民群众参与各层次管理和治理的机制，有效克服人民群众在国家政治生活和社会治理中无法表达、难以参与的弊端；可以广泛凝聚全社会推进改革发展的智慧和力量，有效克服各项政策和工作共识不高、无以落实的弊端。这说明，民主如果没有效用，讲得再怎么好听，终究是于事无补、贻笑大方。

三、中国式民主的特色

世界上的民主，模式是多种多样的。这是因为在实现和发展民主的进程中，由于各国采用的途径、方式以及建立的民主制度与别国不同，从而具备了一套系统的、稳定的鲜明特色。列宁曾经指出，“在民主的这种或那种形式上”，“每个民族都会有自己的特点”[2]。民主的发展模式显然是多样性的，戴维·赫尔德在《民主的模式》中阐述道，民主可以分为古典的四种模式和现代的四种模式，并且他认为，“马克思主义的直接民主理论”[3]就是民主的一种模式。

[1] 习近平：《在庆祝中国人民政治协商会议成立65周年大会上的讲话》，《人民日报》2014年9月22日。

[2] 《列宁全集》第28卷，人民出版社1990年版，第163页。

[3] ［英］戴维·赫尔德：《民主的模式》，中央编译出版社2004年版，第5页。

因此，中国式民主的兴起和发展，完全是适合于中国国情的一种新型的民主模式，是世界民主模式多样性的生动体现。

长期以来，由于西方国家率先通过资产阶级革命，推翻了封建专制统治，形成了民主政体和民主制度的模式。人们由此产生了根深蒂固的观念和思维惯性，“天下民主、定于一尊”，似乎民主只有一种，那就是西方式民主，只有西方式民主才称之为民主，其他的民主都不能算作民主，这当然陷入了认识民主的误区。前面提到的埃及、利比亚、乌克兰、泰国这些国家，正因为它们信奉民主模式唯一论，盲目地照搬照套西方式民主，结果造成了国家的纷争动乱。现在，事实已经宣告了“民主模式等于西方模式”“西方民主模式是唯一的”破产和终结。对此，习近平明确指出，“实现民主的形式是丰富多样的，不能拘泥于刻板的模式，更不能说只有一种放之四海而皆准的评判标准。”[1] 当代中国，在马克思主义民主理论和新型民主观指引下形成了中国式民主。中国式民主的兴起和发展，既丰富了民主理论的宝库，又壮阔了世界民主的潮流。

中国式民主是中国开创的新型的民主模式。之所以是新型的民主模式，因为其具有自身的鲜明的特色。中国式民主的特色体现在指导思想、领导核心、根本要求、经济基础 、方式选择、次序排列、发展策略等七个方面。

指导思想：马克思主义民主理论。在世界上所有的民主理论中，马克思主义的民主理论乃是最科学、最先进的。因为马克思、恩格斯以历史唯物主义和剩余价值学说为基础，科学地论证了社会发展的必然规律，也揭示了民主的实质和发展规律。社会主义作为人类历史上的一种新型的社会形态，具有自身内在的一系列规定，民主是社会主义的本质特征之一。中国式民主以马克思主义民主理论为指导思想，是因为它属于社会主义，并以实现社会主义为依归。

[1] 习近平：《在庆祝中国人民政治协商会议成立65周年大会上的讲话》,《人民日报》2014年9月22日。

领导核心：坚持中国共产党领导。中国式民主，是中国共产党作为执政党领导的人民民主，中国共产党形成了领导民主政治建设的核心力量。中国共产党独自担负起领导人民当家作主的职责和角色，是经过长达几十年的革命斗争才取得的，也是历史和人民的必然选择。中国共产党作为领导民主政治建设的核心力量，能够把亿万人民团结凝聚起来，维护中国国家统一与社会的和谐稳定。党的领导是中国特色社会主义的最大特色、最本质特征，是中国式民主发展的根本保证。

根本要求：人民当家作主。社会主义民主是最广大人民当家作主的民主，真正实现最广大人民当家作主，是社会主义民主政治的内在属性和鲜明特点，也是社会主义民主政治建设的根本任务和最高目标。人民是民主的主体，早在毛泽东和黄炎培在延安关于跳出“历史周期率”的窑洞对话中，就阐明了人民当家作主对于中国和中国共产党的重要性。毛泽东当时指出，我们已经找到新路，我们能够跳出这周期率，这条新路就是民主。只有人民起来了，行使民主，监督政府，才能避免人亡政息。对此，黄炎培极为认同，他说，这话是对的，只有大政方针决之于公众，个人功业欲才不会发生。只有把每一地方的事，公之于每一地方的人，才能使地地得人、人人得事。

经济基础：公有制保障公平正义。在中国，公有制经济是社会主义制度的经济基础，也是民主政治的经济基础。在社会主义初级阶段，国家坚持公有制为主体、多种所有制经济共同发展的基本经济制度，坚持按劳分配为主体、多种分配方式并存的分配制度，这就从经济基础上决定了中国的民主不受资本的操纵。在民主选举中，我国坚持由公有制经济为民主政治活动提供经费，而坚决反对和制止私人资本的介入和掌控。相比较而言，公有制经济更能保证民主政治的公平、正义。

方式选择：协商民主是主要形式。民主的方式大致有竞争式民主、谈判式民主、协商式民主三种。协商式民主要求通过公民的参与，就决策和立法等问题相互交流、沟通，最终达成共识，和衷共济。协商式民主的核心要素是商议与共识，其结果是“多赢、共赢，利益最大化”。可见，这个方法很好。党的十八届四中全会《决定》指出，“协商民主是我国社会主义民主政治的特有形式和独特优势，是党的群众路线在政治领域的重要体现。在党的领导下，以经济社会发展重大问题和涉及群众切身利益的实际问题为内容，在全社会开展广泛协商，坚持协商于决策之前和决策实施之中”。

次序排列：优先推动党内民主。经济文化落后的国家，在普遍缺乏民主的情况下，要首先发展党内民主，通过党内民主先行和带动人民民主，实行党内民主和人民民主的互动，这是一条切实可行、稳妥有序的发展之路。正因为这样，中国式民主强调，要以发展党内民主带动人民民主。

发展策略：渐进式推进民主。发展民主的策略主要有激进和渐进两种，中国选择的是渐进策略。由于中国的社会主义脱胎于半殖民地、半封建社会，人民群众缺乏民主训练，需要首先扩大基层民主，重点搞好基层民主，这是完善发展中国特色社会主义民主政治的客观趋势和重要基础。奠定了这样牢固的基础后，才能从基层起步，徐图进展，逐级而上。因而，中国式民主的整个发展过程，必然呈现出渐进发展的样态。

四、中国式民主的优势

中国式民主具有的优势，是相对于中国如果实行西方式民主将出现的情况而言所具有的优势。这些优势主要在于：保持社会稳定，治理效率更高，人民权利实在，执政团队卓越。

保持社会稳定。西方式民主的一个典型做法就是，搞一人一票的竞争普选。这极易导致民众对立、社会分裂。这样的做法在西方发达国家，由于经济发展程度高，公民有较优良的民主素质尚且可以，而一旦移植到不发达国家，就会造成血与火的灾难。事实证明，在不发达国家推行西方式民主，带来的不是和平和稳定，而是战争和动乱，西方式民主拯救不了世界。在整个20世纪90年代里，许多国家举行自由的民主选举后，便立即进入战争状态。如：

亚美尼亚和阿塞拜疆开打、厄瓜多尔和秘鲁开打、埃塞俄比亚和厄立特里亚开打，还有布隆迪—卢旺达的大屠杀，导致一百多万人丧生。在2010年后，尝试实行西方式民主的埃及、利比亚、乌克兰、泰国、叙利亚等国也接连引起了分裂动荡。对此，中国式民主显得十分冷静、清醒，现在只在村、乡和城镇社区的基层实行直接选举，在县以上则实行间接选举，不搞全国性一人一票的普选。而无论是直接选举还是间接选举，中国也都不搞两党制或多党制的竞争选举。中国实行中国共产党领导的多党合作和政治协商制度，各民主党派是参政党，它们和共产党形成了“肝胆相照、荣辱与共”的关系，和共产党一道为中国式民主的发展建言献策、出力使劲，而不像西方国家的多党制或两党制那样，为了争夺执政地位，为了各自的政治利益而彼此对立，互相倾轧，从而有力地保持了社会的稳定。

治理效率更高。西方式民主的议会制，导致了恶性竞争，不同的政党出于私利，使决策久拖不决，效率十分低下。日裔美籍政治学家弗朗西斯·福山批评了西方式民主缺乏治理效率，指出现代民主体制要与三组制度相结合，即国家、法治和问责机制。福山这里提出的问责机制，就是国家治理需要效率的问题。在中国式民主之下，中国的人大制度和党委、政府的责任制，保证了效率。邓小平说：“社会主义国家有个最大的优越性，就是干一件事情，一下决心，一做出决议，就立即执行，不受牵扯。我们说搞经济体制改革全国就能立即执行，我们决定建立经济特区就可以立即执行，没有那么多互相牵扯，议而不决，决而不行。就这个范围来说，我们的效率是高的，我讲的是总的效率。这方面是我们的优势，我们要保持这个优势，保证社会主义的优越性。”[1] 邓小平对国家治理有三条标准：“第一，党和行政机构以及整个国家体制要增强活力，就是说不要僵化，要用新脑筋来对待新事物；第二，要真正提高效率；第三，要充分调动人民和各行各业基层的积极性。”[2]

---

[1] 《邓小平文选》第3卷，人民出版社1993年版，第240页。

[2] 《邓小平文选》第3卷，人民出版社1993年版，第241页。

人民权利实在。西方式民主只讲公民的投票权利，而忽视公民广泛参与的民主权利，选民只有在投票时被唤醒，投票后就进入休眠期。从这样的实际情况看，西方民主不过是徒具形式、内容空空而已。而中国式民主，正如习近平所说的，“社会主义民主不仅需要完整的制度程序，而且需要完整的参与实践。人民当家作主必须具体地、现实地体现到中国共产党执政和国家治理上来，具体地、现实地体现到中国共产党和国家机关各个方面、各个层级的工作上来，具体地、现实地体现到人民对自身利益的实现和发展上来。”[1]中国式民主通过协商民主这样独特的、独有的、独到的民主形式，能够把人民最广泛地、最大限度地涵盖进来、包容起来、动员开来，有效实现了人民群众的各项民主权利。

执政团队卓越。西方式民主依靠选举上台的领导者，只要口才好、能言善辩，提出的政纲能吸引眼球，拥有选举的金钱财富资源，尽管没有什么执政经验，也能上台，但治国能力和水平就不好保证了。而在中国，进入中央领导层的领导者，往往要从基层历练起，经过层层筛选，因而治国理政能力强。美国总统奥巴马曾评价习近平“影响力令人印象深刻”。基辛格虽然仅同习近平见过几次面，但感受到他的“坚定意志和勇气”。已故新加坡总理李光耀在《论世界与中国》一书中认为，习近平的经历“充满更多磨难”，有着“钢铁般的意志”。

五、中国式民主的改革完善

中国式民主的兴起和发展，还处在初始阶段，还存在很多的不足，甚至带有缺陷，需要很好地进行改革完善。中国式民主面临的改革完善，在于解决好以下三个关键问题。

一是坚持党的领导和提高党的领导水平，有效地实施党的领导。要坚持

[1] 习近平：《在庆祝中国人民政治协商会议成立65周年大会上的讲话》，《人民日报》2014年9月22日。

党的领导和提高党的领导水平，就要以党内民主带动人民民主。榜样的力量是巨大的。中国共产党的先进行为在整个社会具有重要的示范和带动作用。邓小平说："国要有国法，党要有党规党法。党章是最根本的党规党法。没有党规党法，国法就很难保障。"[1]党的十六大报告指出："党内民主是党的生命，对人民民主具有重要的示范和带动作用。"按照党章规定，保障党员权利，对按照宪法保障公民权利无疑具有示范作用，建立健全党内民主制度对建立健全人民民主制度也无疑具有带动作用。

二是不断地支持人民当家作主。支持人民当家作主首先要改革和完善人民代表大会制度。应注重人大代表和委员的素质与结构。人大代表是国家权力机关的组成人员，应当具备良好的政治素质、道德素质、文化素质、身体素质和参政议政能力。应充分发挥民主，依法办事，搞好代表候选人的提名推荐工作，选出各方面素质较好、具有一定的社会活动能力和参政议政能力的人当代表，不应把人大代表当作荣誉职务照顾安排。应创造条件设立人大代表工作室，使其能够接待和联系选民。应加强人大的组织机构建设，在县级以上地方各级人大常委会应加强办事机构的建设，设立必要的工作机构和研究机构，配备一定的工作人员，改善办公条件，使其更好地为本级人大及其常委会依法行使职权服务。应完善人大工作制度，包括人大及其常委会会议的议事制度和人大常委会办事机构的工作制度。

三是注重保障和落实公民的民主权利。公民的民主权利主要包括选举权和被选举权、知情权、管理权和监督权。选举权和被选举权是公民参与政治的首要权利，公民有定期参与直接和间接的国家选举活动的权利。知情权是公民作为社会成员和国家成员，对于社会的公共信息，对于国家的基本政策和发展动向等有关信息，有知悉、了解的权利。知情权是公民实现民主权的前提性权利。管理权是公民享有的有效行使管理和治理国家事务、社会事务的权利。当前要不断完善村民自治，健全村党组织领导的充满活力的村民自

[1] 《邓小平文选》第2卷，人民出版社1994年版，第147页。

治机制，不断完善城市居民自治，建设治理有序、文明祥和的新型社区。监督权是公民对于国家机关和工作人员的履职情况进行检查纠正的权利。对于其中的违法失职行为，有向有关国家机关提出申诉、控告或者检举的权利。以上“四权”是人民当家作主的集中体现，必须使这些权利的行使得到保障和落实并富有成效。

| 第八章 |

健全法治是国家治理之维

法治属于国家上层建筑，是国家治理之维。自古以来，“国无常强，无常弱。奉法者强则国强，奉法者弱则国弱”。法治维系着一个国家的发展和强盛，依法治国是中国共产党领导人民治理国家的基本方略和基本方式。以习近平同志为总书记的党中央，高度重视法治建设问题。2014 年 10 月 20 日到 23 日，党的十八届四中全会召开，在党的历史上这是第一次以依法治国为主题的中央全会，研究全面推进依法治国的重大问题，作出了《中共中央关于全面推进依法治国若干重大问题的决定》，提出了全面推进依法治国的诸多新理念、新举措。它标志着中国的依法治国进入了新阶段，开始了法治建设新时代。

一、国家治理法治化的进展和蓝图

中国进入改革开放新时期后，邓小平就提出了依法治国的国家治理思想。1978 年 12 月，邓小平在《解放思想，实事求是，团结一致向前看》的讲话中，通过对“文革”教训的总结明确指出：“必须加强法制。必须使民主制度化、法律化，使这种制度和法律不因领导人的改变而改变，不因领导人的看法和注意力的改变而改变。”[1] 这里讲的制度化、法律化，实际就是否定人治，实行法治。邓小平同时说道：“现在的问题是法律很不完备，很多法律还没有制

[1] 《邓小平文选》第 2 卷，人民出版社 1994 年版，第 146 页。

定出来”，“应该集中力量制定”，“做到有法可依，有法必依，执法必严，违法必究”[1]。从1978年开始强调法制，依法治国在我国已有了30多年的发展历程，经历了四个发展阶段。

酝酿，即从法制到法治的认识转变。在20世纪80年代到90年代中期，我国思想界和学术界讨论了“法制”与“法治”的区别：第一，法制是法律制度的简称，是相对于政治制度、经济制度、文化制度等而言；法治则是与人治相对立的，只有法治才能否定人治，而法制不足以否定人治。回顾中国两千多年来，从古代封建社会、近代半殖民地半封建社会，到新中国成立后直至“文革”期间，其中虽也不乏有法律条文的制定、法制机构的设置和法律制度的执行，但都是清一色的依人治国、实行人治。第二，法制是指法律的制定和法律具体制度；法治是治国理论和治国方略以及治国原则。第三，法制（Rule by Law），就是法律条文和“有法可依，依法办事”；法治（Rule of Law），也包含法制，但更与民主政治密切相关，主张人的民主权利，实行权力的相互制约，实行司法独立，法律面前人人平等，体现法律的正当程序原则。法治更是一种文化、精神、理念、信仰。由此，确定了用“法治”而不是“法制”与“人治”相对立，“法制”用来指具体的法律制度和法律条文。

立题，即确立依法治国的命题。1997年，中国共产党召开十五大，迎来了依法治国确立的伟大时刻。在党的十五大报告中，首次提出“依法治国，建设社会主义法治国家”，使我国步上了法治化轨道。

发展，即依法治国得到强化。在党的十六大报告中，依法治国被确认为“党领导人民治理国家的基本方略”。党的十七大报告更强调指出，要“全面落实依法治国基本方略”。党的十八大报告进一步指出，“全面推进依法治国。法治是治国理政的基本方式”。依法治国成为“基本方略”和“基本方式”。

提升，即依法治国得到新的升华。党的十八届四中全会对依法治国作出了创新发展，体现在更加着力全面推进依法治国，明确提出建设中国特色社

[1]《邓小平文选》第2卷，人民出版社1994年版，第146页。

会主义法治体系，绘制了全新的依法治国蓝图。这张新蓝图可以用“六句话”概括：

“一条道路”。全面推进依法治国就是要坚定不移地走中国特色社会主义法治道路。党的十八大报告已经提出“中国特色社会主义道路”，现在又提出“中国特色社会主义法治道路”。中国特色社会主义道路和中国特色社会主义法治道路都是道路，但不是两条路，实际上还是一条路。中国特色社会主义是总道路，中国特色社会主义法治道路是它的具体化。打个比方，总道路好比是一条宽广的大路，其中有好几条车道，中国特色社会主义法治道路就是其中的一条车道。

“两个建设”。党的十八届四中全会《决定》指出，全面推进依法治国要实现的总目标是“建设中国特色社会主义法治体系，建设社会主义法治国家”。因此，这个总目标就是“两个建设”。实现这个总目标，必须坚持中国共产党领导、坚持人民主体地位、坚持法律面前人人平等、坚持依法治国和以德治国相结合、坚持从中国实际出发的基本原则。

“三个依法和法治”。党的十八届四中全会《决定》指出，全面推进依法治国要实施“坚持依法治国、依法执政、依法行政共同推进，坚持法治国家、法治政府、法治社会一体建设”。只有“三个依法”和“三个法治”共同推进和一体建设，才能形成全面推进依法治国的新格局。

“四法并举”。党的十八届四中全会《决定》指出，全面推进依法治国必须“实现科学立法、严格执法、公正司法、全民守法，促进国家治理体系和治理能力现代化”。立法、执法、司法、守法，构成推行法治的全过程，四个环节的每一个环节都不能少。

“五大体系”。党的十八届四中全会《决定》指出，全面推进依法治国还要构建中国特色社会主义法治体系，即“形成完备的法律规范体系、高效的法治实施体系、严密的法治监督体系、有力的法治保障体系，形成完善的党内法规体系”的五大体系。

“六项任务”。党的十八届四中全会《决定》指出，全面推进依法治国要“完善以宪法为核心的中国特色社会主义法律体系，加强宪法实施”，“深入推进依法行政，加快建设法治政府”，“保证公正司法，提高司法的公信力”，“增强全民的法治观念，推进法治社会的建设”，“加强法治工作队伍建设”，“加强和改进党对全面推进依法治国的领导”。

以上就是为中国国家治理绘制的依法治国全新蓝图，正是这张全新的蓝图，标志着我国进入了一个依法治国的新时代、新阶段。

二、国家治理法治化的创新观点

中国国家治理要实施法治化，不是只提出一个依法治国的命题和口号，而在于形成了一系列重大的、创新性的法治理论观点。这些创新的观点，科学地回答了建设一个什么样的法治国家、如何建设社会主义法治国家的重大理论问题。

——“坚持依宪治国，坚持依宪执政。”党的十八届四中全会《决定》指出：“坚持依法治国首先要坚持依宪治国，坚持依法执政首先要坚持依宪执政。”这是法学理论的根本性创新。宪法是党和人民意志的集中体现，是通过科学民主程序形成的根本法。宪法是治国的总章程，是治国的根本大法，我国的法律体系从根本上说，就是“以宪法为核心的中国特色社会主义法律体系”，宪法是一切法律的来源和依据。全国各族人民、一切国家机关和武装力量、各政党和各社会团体、各企业事业组织，都必须以宪法为根本的活动准则，并且负有维护宪法尊严、保证宪法实施的职责。最大的违法就是违宪，一切违反宪法的行为都必须予以追究和纠正。依法治国的前提是依宪治国、依宪执政。只有通过宪法治理国家，把宪法作为国家治理的基础与保障，才能实现依法治国的目标。依法治国的重点是，明确依宪治国在全局部署中的优先性。树立宪法权威是国家治理能力提升、治理体系完善、治理方式法治化的基本出发点。我们要从国家治理体系现代化高度，进一步提高对宪法重要性的认识。

全面推进依法治国，只有首先确立宪法权威，才能确立法治权威。

——“法律是治国之重器，良法是善治之前提。”这是在执政党的文件中首次提出来的法治观念，它将法律和国家、良法与善治联系起来，科学阐明了其中的内在必然关系。“法律是治国之重器”，国家要是没有法律、不实行法律的话，则国将不国、其亡可期。国家必须制定法律并运用法律的武器进行治理，“法令行则国治，法令弛则国乱”。当然，国家制定和运用的法律必须是良法，良法与恶法的根本区别在于：只有符合全体人民利益、以实现全体人民利益为宗旨的法律才是良法，反之，仅仅是为了维护少数人或社会强势集团利益而制定的法律则为恶法。就是说，良法与恶法的根本分界线正在于它们不同的出发点和落脚点。马克思曾批判资产阶级国家的法律，“你们的法不过是被奉为法律的你们这个阶级的意志”[1]，它成了一个阶级对另一个阶级进行统治与压迫的工具,这样的法律就绝不可能是良法,而只能是恶法。“良法是善治之前提。”没有良法就没有善治,那就只有恶治。良法是善治的基础，善治必须建立在良法之上。善治就是良好的治理，在现代政治文明语境中，善治至少应包含这样一些基本含义：公民权利的保障，社会公平正义的实现，公权力的良好运行和公共利益的最大化。从治理方式来看，现代善治理念特指民主与法治。

——“公正是法治的生命线。”这集中体现了以习近平同志为总书记的党中央全面推进依法治国的新理念、新要求。“理国要道，在于公平正直。”公正司法是维护社会公平正义的神圣使命。如果人民群众通过司法程序不能保证自己的合法权利，那司法就没有公信力，人民群众也不会相信司法。习近平一再强调，要“努力让人民群众在每一个司法案件中都能感受到公平正义，决不能让不公正的审判伤害人民群众感情、损害人民群众权益”[2]。公正作为司法的生命线，也是司法的底线和防线。党的十八届四中全会《决定》指出，

[1] 《马克思恩格斯选集》第1卷，人民出版社1972年版，第268页。

[2] 中共中央宣传部:《习近平总书记系列重要讲话读本》，学习出版社、人民出版社2014年版。

“司法公正对社会公正具有重要引领作用，司法不公对社会公正具有致命破坏作用。”司法权是守护国家法律的一项重要权力，是社会公平正义的最后一道防线。司法公正，违法必究，才能惩恶扬善，救济权利，引导人民群众尊重和服从司法裁判，发挥教育人民群众信法守法的作用，并提升全民的道德水准。司法公正反映着公权力与权利关系的合理化程度，反映着社会公正的保障水平。

——“人民权益要靠法律保障，法律权威要靠人民维护。”党的十八届四中全会《决定》指出：“人民是依法治国的主体和力量源泉”，“必须坚持法治建设为了人民、依靠人民、造福人民、保护人民，以保障人民根本权益为出发点和落脚点，保证人民依法享有广泛的权利和自由、承担应尽的义务，维护社会公平正义，促进共同富裕。”法律保障人民权益，是法治的本质要求和根本职责，也是中国特色社会主义法治建设的特点和优势所在，离开了保障人民权益，法治就会偏离正确的政治方向和价值。《决定》在阐述人民权益要靠法律保障时，系统地指出，要保障公民人身权、财产权、基本政治权利等各项权利不受侵犯，保障公民经济、文化、社会等各方面权利得到落实，加快保障和改善民生、依法加强和规范公共服务，完善教育、就业、收入分配、社会保障、医疗卫生、食品安全、扶贫、慈善、社会救助和妇女儿童、老年人、残疾人合法权益保护等方面的法律法规等。在强调“人民权益要靠法律保障”的同时，还必须强调“法律权威要靠人民维护”，否则，法律就将形同虚设。法律的权威源自人民的内心拥护和真诚信仰，必须弘扬社会主义法治精神，通过建设社会主义法治文化，增强全社会厉行法治的积极性和主动性，形成守法光荣、违法可耻的社会氛围，使全体人民都成为社会主义法治的忠实崇尚者、自觉遵守者、坚定捍卫者。

三、建设完备的国家治理法治体系

中国国家治理要走法治化道路，必须建立完备的中国特色社会主义法治体系。构建完备的中国特色社会主义法治体系是一个系统工程，它包含完备的法律规范体系、高效的法治实施体系、严密的法治监督体系、有力的法治保障体系和完善的党内法规体系等五大体系。

——完备的法律规范体系。完备的法律规范体系是依法治国的基础。党和国家的一切工作必须于法有据，必须始终在法治的轨道上。但是，法治不是一成不变的，是一个不断完善、不断完备的过程。完备的法律规范体系的形成，需要从中央到地方始终解放思想、实事求是，一切从实际出发，坚持中国特色社会主义制度，贯彻中国特色社会主义法治理论，科学立法，有所建树。而故步自封、因循守旧，终难形成完备的法律规范体系。

建设完备的法律规范体系，必须树立宪法权威，健全宪法实施和监督制度。宪法是党和人民意志的集中体现，是通过科学民主程序制定的根本大法。坚持依法治国，首先要坚持依宪治国；坚持依法执政，首先要坚持依宪执政。全国各族人民、一切国家机关和武装力量、各政党和各社会团体、各企业事业组织，都必须以宪法为根本的活动准则，并且负有维护宪法尊严、保证宪法实施的职责。一切违反宪法的行为都必须予以追究和纠正。党的十八届四中全会提出，要健全宪法实施和监督制度，完善全国人大及其常委会宪法监督制度，健全宪法解释程序机制。

建设完备的法律规范体系，必须坚持立法先行，发挥立法的引领和推动作用，抓住提高立法质量这个关键。要恪守以民为本、立法为民理念，贯彻社会主义核心价值观，使每一项立法都符合宪法精神、反映人民意志、得到人民拥护。要把公正、公平、公开原则贯穿立法全过程，完善立法体制机制，坚持立改废释并举，增强法律法规的及时性、系统性、针对性、有效性。

建设完备的法律规范体系，必须深入推进科学立法、民主立法。我们既要做到有法可依，更要做到所依据的法是“良法”。凡能符合宪法精神、反映人民意志、体现公平正义者就是“良法”。为保证这一立法标准就要坚持科学立法和民主立法，恪守以民为本、立法为民理念，贯彻社会主义核心价值观，把公正、公平、公开原则贯穿立法全过程，完善立法项目征集和论证制度。健全立法机关和社会公众沟通机制，开展立法协商，充分发挥政协委员、民主党派、工商联、无党派人士、人民团体、社会组织在立法协商中的作用，探索建立有关国家机关、社会团体、专家学者等对立法中涉及的重大利益调整论证咨询机制。拓宽公民有序参与立法途径，健全法律法规规章草案公开征求意见和公众意见采纳情况反馈机制，广泛凝聚社会共识。

建设完备的法律规范体系，必须坚持人大主导立法，防止部门利益法制化。健全有立法权的人大主导立法工作的体制机制，发挥人大及其常委会在立法工作中的主导作用。建立由全国人大相关专门委员会、全国人大常委会法制工作委员会组织有关部门参与起草综合性、全局性、基础性等重要法律草案制度。增加有法治实践经验的专职常委比例。依法建立健全专门委员会、工作委员会立法专家顾问制度。加强人大对立法工作的组织协调，健全立法起草、论证、协调、审议机制，健全向下级人大征询立法意见机制，建立基层立法联系点制度，推进立法精细化。健全法律法规规章起草征求人大代表意见制度，增加人大代表列席人大常委会会议人数，更多发挥人大代表参与起草和修改法律作用。完善立法项目征集和论证制度。健全立法机关主导、社会各方有序参与立法的途径和方式。人大在国家立法和地方立法中处于主体地位，但在现实中，一些地方在一定程度上还存在地方利益保护问题和“部门立法”“部门利益法制化”的问题。强调有立法权的人大主导立法，无疑有助于克服上述问题，有助于提高立法的科学性和公正性。

——高效的法治实施体系。高效的法治实施体系，是建设中国特色社会主义法治体系的重点和难点。中国特色社会主义法治体系的形成和健全，是一个从立法到执法、司法再到守法，从理论到制度机制再到实践的发展进程，需要付出长期艰苦努力。改革开放以来，我们党领导人民建设社会主义法治国家，形成了中国特色社会主义法律体系。但把这个法律体系以及新制定的法律实施到位，永远没有完成时，法治建设永远在路上。我们要在党中央的坚强领导下，紧紧抓住法治实施这个重点和难点，加强法治实施能力建设，不断完善法治实施制度机制，着力构建以法律规范实施为核心，以党内法规实施、人民团体和社会组织规范实施、道德伦理规范实施以及乡规民约等社会生活规范实施构成的法治实施体系。

建设高效的法治实施体系，需要全体公民和组织共同努力形成合力。党的十八届四中全会通过的《决定》强调，要坚持人民主体地位。人民群众是法治实施的主体和力量源泉，必须坚持法治实施为了人民、依靠人民、造福人民、保护人民，以保障人民根本权益为出发点和落脚点。法治实施体系包括执法、司法和守法等诸多环节。必须在党中央的坚强领导下，广泛动员全体人民和全部社会组织的力量，共同建设法治实施体系，并使之高效运行。要充分发挥各级党组织在建设法治实施体系中的领导核心作用。行政机关要承担起法律实施的重要职责任务。要在党员带头守法、领导干部带头守法的基础上，着力培育公民和社会组织自觉守法的意识和责任感，充分调动全社会自觉守法的积极性主动性，严惩各类违法犯罪行为，营造全社会共同守法的良好氛围，夯实建设法治实施体系的社会根基。

建设高效的法治实施体系，必须深化执法司法体制改革。法治实施体系建设涉及制度、体制、机制建设，法治实施活动要依法进行，法治实施体系要依法构建。就司法而言，要优化司法职权配置，完善司法管理体制和司法权力运行机制，建设公正高效权威的司法制度和确保法律有效实施的司法体系。要以完善诉讼程序和执行程序为落脚点，以解决立案难、诉讼难和执行难为着力点，推动党的十八届三中全会和四中全会提出的各项司法改革举措贯彻落实。要改革完善确保人民法院、人民检察院依法独立行使职权的制度机制，坚决排除领导干部、行政机关、公民个人或社会组织对司法活动的干扰和干预，切实树立司法权威；要推进以审判为中心的诉讼制度改革，加强人民法院、人民检察院和公安机关在刑事诉讼中的相互配合和相互制约，切实解决一些案件配合有余、制约不足影响司法公正甚至造成冤假错案的问题；

要充分发挥审判程序特别是庭审的最后把关作用，确保侦查、审查起诉的案件事实证据经得起法律的检验，保证庭审在查明事实、认定证据、保护诉权、公正裁判中发挥决定性作用；最高法院要尽快设立巡回法庭，审理跨行政区域重大行政和民商事案件，就地化解矛盾纠纷，方便当事人诉讼，提高诉讼效率，减轻最高法院本部的压力，维护首都地区社会治安和谐稳定；要及时设立跨行政区划的人民法院和人民检察院，办理跨地区案件，防止地方保护主义对相关案件的干扰。

建设高效的法治实施体系，必须坚持以公开透明为特色，以信息化为支撑。高效的法治实施体系，必须以快速发展的网络信息技术为平台，以不断满足人民群众和社会各界对法治实施的需求、参与和监督为依归。要构建开放、动态、透明、便民的阳光法治实施机制，大力推进行政执法公开、审判公开、检务公开、警务公开、狱务公开和其他法治实施活动的公开，依法及时公开法治实施的依据、程序、流程、结果和理由。要以信息化为依托，向信息化要效率，打造法治实施公开平台，实现法治实施信息系统内畅通、系统间共享。要着力打造法治实施流程平台，让法治实施活动全过程公开透明，保障人民群众对法治实施的知情权、有效行使监督权，保障法治实施活动公开公正运行，以法治实施体系内的各种机制共同发力，形成强大的社会合力，实现良好的法治实施效果。

——严密的法治监督体系。严密的法治监督体系，事关法治建设全局。法治监督就是对法律实施进行的监督。作为法治建设的一个重要环节，法治监督在建设中国特色社会主义法治体系、建设社会主义法治国家中具有十分重要的地位和作用。严密的法治监督体系，对于其他几大体系建设具有重要的推动和保障作用，它既是中国特色社会主义法治体系的重要内容和内在目标，又是建成中国特色社会主义法治体系的根本保障和必然要求。

严密的法治监督体系建设，是一项涉及面很广的系统工程，需要在法治中国建设的伟大实践中不断探索。党的十八届四中全会《决定》在立法、执法、司法三个部分，分别提出了强化法治监督的要求，抓住了法治监督体系建设的关键环节和重点内容。

一是要健全宪法实施和监督制度。宪法是党和人民意志的集中体现，是通过科学民主程序形成的根本法。维护宪法尊严、保证宪法实施，追究和纠正一切违反宪法的行为，是法治监督最根本的任务。

二是要强化对行政权力的制约和监督。行政权力具有管理事务领域宽、自由裁量权大等特点，法治监督的重点之一就是规范和约束行政权力，对行政权力制约和监督的制度框架，有利于增强监督合力和实效，形成配置科学、职责明确、协调有力、运行顺畅的行政权力制约和监督体系。

三是加强对司法活动的监督。司法公正对社会公正具有重要引领作用。要进一步健全司法机关内部监督制约机制，明确司法机关内部各层级权限，明确各类司法人员工作职责、工作流程、工作标准，建立司法机关内部人员过问案件的记录制度和责任追究制度。完善检察机关行使监督权的法律制度，加强对刑事诉讼、民事诉讼、行政诉讼的法律监督。

——有力的法治保障体系。有力的法治保障体系，是推进法治中国建设的必然要求，是促进社会公平正义、增进人民福祉的重要举措，是宪法法律得以贯彻实施的重要手段。只有法治保障体系科学、机制健全、资源充分，才能确保严格执法、公正司法，为宪法法律统一正确实施提供基础。

法治保障体系的作用在于，它是支撑法治大厦的地基，关乎法治各环节的有序运行，为法治总目标的实现提供不竭的力量源泉。法治保障体系是中国特色社会主义法治沿着正确道路前进的重要保障，是确保法治高效运行的重要支撑。能否形成有力的法治保障体系，关系到全面推进依法治国的总目标的实现，关系到“四个全面”战略布局的协调推进。法治保障体系是全面推进依法治国的重要依托，是指全面推进依法治国所必须的主体和客体、软件和硬件等有关方面的综合条件。

建设有力的法治保障体系，有利于保障更好地发挥法治的引领和规范功能。有力的法治保障体系，坚持以符合中国实际、具有中国特色、体现社会发展规律的社会主义法治理论为支撑，坚持为完备的法律规范体系重塑社会秩序、规范社会行为提供内生机制，坚持以道路自信、制度自信、理论自信，引导中国特色社会主义法律体系向中国特色社会主义法治体系发展。法治保障体系的价值取向，在于实现从“静态法”到“行动法”、从“良法”到“善治”的统一和转化，使法治建设和法制改革的各领域、各环节始终不偏离中国特色社会主义法治道路。

有力的法治保障体系，有利于保障法治工作基本格局的协调推进。形成有力的法治保障体系，能够使科学立法、严格执法、公正司法、全民守法等法治工作各个环节有机配合；使依法治国、依法执政、依法行政共同推进和法治国家、法治政府、法治社会一体建设的法治工作基本格局有序展开；法治保障体系既为法律实施提供体制机制，确保法律规范体系“有功能”“不闲置”，又为社会主体划定行为规则，确保社会生活“有秩序”“不逾矩”。

有力的法治保障体系，有利于保障公民对改革有更多认同感和获得感。人民是依法治国的主体和力量源泉。人民权益要靠法治保障，法律权威要靠人民维护。党的十八届四中全会《决定》要求促进公民权利保障法治化，使“坚持人民主体地位”得到最直接、最充分、最现实的体现。这就要加快完善体现权利公平、机会公平、规则公平的法律制度。尊重和保障人权是世界法治文明的共同成就和永恒追求。通过公民权利保障从“法制化”到“法治化”的实践过程，切实落实尊重和保障人权及法律面前人人平等原则，使重大改革决策于法有据，改革过程规范科学，实现改革与法治双轮驱动，改革成果依法共享，让公民对改革有更多认同感和获得感。

——完善的党内法规体系。全面实施依法治国、大力建设法治中国，是中国共产党人必须担当的时代使命，依法治国必然要求从严治党、依规治党。党章明确规定，中国共产党是中国工人阶级的先锋队、中国人民和中华民族的先锋队。确保先锋队的性质永不褪色，需要时刻紧绷从严治党这根弦，在全社会普遍遵守的法律之外，还需要通过建设完善的党内法规体系来予以保障。

党的十八届四中全会强调，加强党内法规制度建设，完善党内法规制定体制机制，形成配套完备的党内法规制度体系，运用党内法规把党要管党、从严治党落到实处，促进党员、干部带头遵守国家法律法规。这无疑阐释了依法治国必须完善党内法规，落实从严治党、依规治党的重要意义。

党内法规体系就是规范党组织的工作、活动和党员行为的由一系列党内法规、党的制度、规范性文件构成的规则体系。它的目的和功能就是规范党内的行为，调整党内的关系，保障党员的权利，实现党的团结统一，从而使党内生活更加规范化、程序化，使党内民主制度体系更加完善，使权力运行受到更加有效的制约和监督，使党执政的制度基础更加巩固。党内法规既是管党治党的重要依据，也是建设社会主义法治国家的有力保障。

中国特色社会主义法治体系，就是由国家法律体系和党内法规体系构成的。在推进中国特色社会主义法治建设中，需要国家法律和党内法规这“两手”都要抓，并且“两手”都要硬。国家法律和党内法规，都是国家治理所需要的，国家法律和党内法规的实施、监督、保障，是国家治理现代化的必然要求，是法治执行力在国家和党内的生活中的题中应有之义。如同国家法律必须通过法律的实施才能体现它的生命和价值一样，党内法规的生命力也在于它的实施，在于党内法规执行力的提高。这必然要求各级领导干部切实领会法治精神，带头遵守法律和党内法规，带头依法办事。不仅要自觉学法、尊法、守法，提高法治思维水平和能力，运用法治方式深化改革、推动发展，也要切实改变“权力迷恋”和“大包大揽”的情况，将执政履职思路彻底扭转到法治轨道上来。从严治党没有尽期，永远在路上。党员干部要自觉运用党内法规体系把党要管党、从严治党落到实处。

建设完善的党内法规体系，必须在党内法规建设中，以党章为核心，尊重和维护党章的权威，制定和出台一系列规范党组织工作、活动和党员行为的基础性主干性的准则、条例、规则、规定、办法、细则等法规规范。既注重党的中央组织、地方组织、基层组织的实体法，又注重党内选举、党内协商、党内决策、党内监督的程序法；既注重中央党内法规、部门党内法规和地方党内法规之间的协调与衔接，又注重党内法规和国家法律的协调与衔接。从党内法规涉及的领域来看，党内法规体系既包括党的领导和党的工作方面，也包括党的思想建设、组织建设、作风建设、反腐倡廉建设、制度建设等诸多方面，还包括民主集中制在党内政治生活中实现的法规规定。

四、司法体制改革的重大举措

司法体制改革，是国家治理和法治建设的重头部分。司法改革是国家稳定发展、运用法治手段治理社会的迫切需要。党的十八届四中全会《决定》针对司法领域，提出了重大的改革举措，清晰地勾勒出司法体制改革的路径。

——关于依法审理案件。完善确保依法独立公正行使审判权和检察权的制度；建立领导干部干预司法活动、插手具体案件处理的记录、通报和责任追究制度；健全行政机关依法出庭应诉、支持法院受理行政案件、尊重并执行法院生效裁判的制度；完善惩戒妨碍司法机关依法行使职权、拒不执行生效裁判和决定、藐视法庭权威等违法犯罪行为的法律规定；建立健全司法人员履行法定职责保护机制。

——关于优化司法职权。健全公安机关、检察机关、审判机关、司法行政机关各司其职，侦查权、检察权、审判权、执行权相互配合、相互制约的体制机制；完善司法体制，实行审判权和执行权相分离的体制改革；完善刑罚执行制度，统一刑罚执行体制；改革司法机关人财物管理体制，实行法院、检察院司法行政事务管理权和审判权、检察权相分离；最高人民法院设立巡回法庭，审理跨行政区域重大行政和民商事案件；设立跨行政区划的人民法院和人民检察院，办理跨地区案件；完善行政诉讼体制机制，合理调整行政诉讼案件管辖制度；改革法院案件受理制度，变立案审查制为立案登记制；加大对虚假诉讼、恶意诉讼、无理缠诉行为的惩治力度；完善刑事诉讼中认罪认罚从宽制度；完善审级制度，一审重在解决事实认定和法律适用，二审重在解决事实法律争议、实现二审终审，再审重在解决依法纠错、维护裁判权威；完善对涉及公民人身、财产权益的行政强制措施实行司法监督制度；建立检察机关提起公益诉讼制度；明确司法机关内部各层级权限，健全内部监督制约机制；建立司法机关内部人员过问案件的记录制度和责任追究制度。完善主审法官、合议庭、主任检察官、主办侦查员办案责任制度；健全受理、分流、查办、信息反馈制度。

——关于推进严格司法。健全事实认定符合客观真相、办案结果符合实体公正、办案过程符合程序公正的法律制度；推进以审判为中心的诉讼制度改革；全面贯彻证据裁判规则，严格依法收集、固定、保存、审查、运用证据，完善证人、鉴定人出庭制度；明确各类司法人员工作职责、工作流程、工作标准，实行办案质量终身负责制和错案责任倒查问责制。

——关于人民参与司法。坚持人民司法为人民，依靠人民推进公正司法，通过公正司法维护人民权益。在司法调解、司法听证、涉诉信访等司法活动中保障人民群众参与。完善人民陪审员制度，保障公民陪审权利，扩大参审范围，完善随机抽选方式，提高人民陪审制度公信度；构建开放、动态、透明、便民的阳光司法机制；推进审判公开、检务公开、警务公开、狱务公开，依法及时公开执法司法依据、程序、流程、结果和生效法律文书；加强法律文书释法说理，建立生效法律文书统一上网和公开查询制度。

——关于加强人权司法。强化诉讼过程中当事人和其他诉讼参与人的知情权、陈述权、辩护辩论权、申请权、申诉权的制度保障；健全落实罪刑法定、疑罪从无、非法证据排除等法律原则的法律制度；完善对限制人身自由司法措施和侦查手段的司法监督，加强对刑讯逼供和非法取证的源头预防，健全冤假错案有效防范、及时纠正机制；规范查封、扣押、冻结、处理涉案财物的司法程序。加快建立失信被执行人信用监督、威慑和惩戒法律制度；落实终审和诉讼终结制度；对不服司法机关生效裁判、决定的申诉，逐步实行由律师代理制度；对聘不起律师的申诉人，纳入法律援助范围。

——关于加强对司法监督。完善检察机关行使监督权的法律制度，加强对刑事诉讼、民事诉讼、行政诉讼的法律监督；完善人民监督员制度，重点监督检察机关查办职务犯罪的立案、羁押、扣押冻结财物、起诉等环节的执法活动。司法机关要及时回应社会关切。规范媒体对案件的报道，防止舆论影响司法公正；依法规范司法人员与当事人、律师、特殊关系人、中介组织的接触、交往行为。

——关于建设法律服务体系。推进覆盖城乡居民的公共法律服务体系建设,加强民生领域法律服务,完善法律援助制度;发展律师、公证等法律服务业,统筹城乡、区域法律服务资源，发展涉外法律服务业。健全统一司法鉴定管理体制。

——关于依法维权化解纠纷。健全依法维权和化解纠纷机制；构建对维护群众利益具有重大作用的制度体系，建立健全社会矛盾预警机制、利益表达机制、协商沟通机制、救济救助机制、把信访纳入法治化轨道；健全社会矛盾纠纷预防化解机制，完善调解、仲裁、行政裁决、行政复议、诉讼等有机衔接、相互协调的多元化纠纷解决机制；完善仲裁制度，提高仲裁公信力；健全行政裁决制度，强化行政机关解决同行政管理活动密切相关的民事纠纷功能；深入推进社会治安综合治理，健全落实领导责任制。

——关于加强法治工作队伍建设。推进法治专门队伍正规化、专业化、职业化，提高职业素养和专业水平，完善法律职业准入制度，健全国家统一法律职业资格考试制度，建立法律职业人员统一职前培训制度。建立从符合条件的律师、法学专家中招录立法工作者、法官、检察官制度，畅通具备条件的军队转业干部进入法治专门队伍的通道，健全从政法专业毕业生中招录人才的规范便捷机制；加快建立符合职业特点的法治工作人员管理制度，完善职业保障体系，建立法官、检察官、人民警察专业职务序列及工资制度；

建立法官、检察官逐级遴选制度。

——关于加强法律服务队伍建设。加强律师队伍思想政治建设，构建社会律师、公职律师、公司律师等优势互补、结构合理的律师队伍，提高律师队伍业务素质，完善执业保障机制；加强律师事务所管理，发挥律师协会自律作用，规范律师执业行为，监督律师严格遵守职业道德和职业操守，强化准入、退出管理，严格执行违法违规执业惩戒制度；明确公职律师、公司律师法律地位及权利义务，理顺公职律师、公司律师管理体制机制；发展公证员、基层法律服务工作者、人民调解员队伍。推动法律服务志愿者队伍建设，建立激励法律服务人才跨区域流动机制。

——关于法治人才培养。创新法治人才培养机制；形成完善的中国特色社会主义法学理论体系、学科体系、课程体系；建设通晓国际法律规则、善于处理涉外法律事务的涉外法治人才队伍；健全政法部门和法学院校、法学研究机构人员双向交流机制，实施高校和法治工作部门人员互聘计划，重点打造一支政治立场坚定、理论功底深厚、熟悉中国国情的高水平法学家和专家团队，建设高素质学术带头人、骨干教师、专兼职教师队伍。

五、正确认识和处理党与法治的关系

全面推进依法治国，实行国家治理法治化，涉及当代中国经济、政治、文化、社会诸多方面关系的认识和调整，这其中最为重要的就是正确认识执政党与法治的关系问题。如果执政党与法治的关系没有弄清楚，国家治理法治化就会落空。对此，党的十八届四中全会《决定》做出了科学的分析和界定，厘清了执政党和法治的诸多关系。

——领导关系。党与法治的关系，首先是一种领导的关系。党的十八届四中全会《决定》指出："我国宪法确立了中国共产党的领导地位。坚持党的领导，是社会主义法治的根本要求，是党和国家的根本所在、命脉所在，是全国各族人民的利益所系、幸福所系，也是全面推进依法治国的题中应有之义。”既然党的领导是社会主义法治的题中应有之义，是全面推进依法治国、加快建设社会主义法治国家最根本的保证，这就决定了，必须加强和改进党对法治工作的领导，把党的领导贯彻到全面推进依法治国全过程。

党是怎样领导依法治国和法治工作呢？党的十八大报告指出，“党领导人民制定宪法和法律”。这就是说，在我国，宪法和法律的制定产生、宪法和法律的修改完善，都离不开党的领导，必须肯定党对宪法和法律以及法治的领导作用。肯定党对法律制定和法治的领导作用，就是强调党所承担的神圣职责。没有党的领导，不可能有国家的法律体系和法治，党始终肩负着领导法律制定和实行法治的重任。

——一致关系。党的领导和法治又是一致的关系。党的十八届四中全会《决定》指出，“党的领导和社会主义法治是一致的，社会主义法治必须坚持党的领导，党的领导必须依靠社会主义法治。”确立党对法治的领导关系，并不代表由此可以片面地认为，只有党的领导才是重要的，而法治不过是可有可无的工具、手段而已，用则用之、不用则弃之。相反，也必须突出法律和法治的重要性。党与法治，是你中有我，我中有你，两者互相依存、密不可分。

党的领导和法治在本质上是一致性的，其中的道理就在于，历史唯物主义认为，社会主义国家的宪法和法律乃至其法治精神、法治理念，都是人民意志的反映，共产党作为社会主义国家的执政党，必然要代表着人民的利益。党的领导和法治不但在理论上是一致的，而且在社会实践中也是一致的，只有在党的领导下依法治国、厉行法治，人民当家作主才能充分实现，国家和社会生活法治化才能有序推进。

党的领导和法治相一致的关系，还在于党规党纪和国家法律的一致性。现在，党内法规体系已被纳入社会主义法治体系之内，成为五大体系之一。这说明，中国共产党的党内法规，不光是共产党管理自身的事，而且构成了社会主义法治的重要组成部分，它与其他的国家法律形成了相互包容的一致关系。全面推进依法治国，加强法治建设，也包含着要把党规党法建设好，要“注重党内法规同国家法律的衔接和协调”。党的十八大以来，中国共产党在领导制定国家法律的同时，也抓紧制定党规党纪，使党规党纪和国家法律法规相配套一致。

——遵守关系。中国共产党的各级组织、党员和干部，无论在党规党纪面前，还是在国家法律面前，都要认真地遵守。党的十八届四中全会《决定》指出，“各级领导干部要带头遵守法律，带头依法办事，不得违法行使权力，更不能以言代法、以权压法、徇私枉法”，一定要“促进党员、干部带头遵守国家法律法规”。这就形成了党和法治之间的遵守关系。

党的十八大以来，习近平强调，“各级领导干部要带头依法办事，带头遵守法律，牢固确立法律红线不能触碰、法律底线不能逾越的观念，不要去行使依法不该由自己行使的权力，更不能以言代法、以权压法、徇私枉法。要建立健全违反法定程序干预司法的登记备案通报制度和责任追究制度”[1]。他还指出，“各级组织部门要把能不能依法办事、遵守法律作为考察识别干部的重要条件”[2]。为了贯彻落实习近平这些讲话的精神实质，党的十八届四中全会《决定》提出，“提高党员干部法治思维和依法办事能力，把法治建设成效作为衡量各级领导班子和领导干部工作实绩重要内容、纳入政绩考核指标体系，把能不能遵守法律、依法办事作为考察干部重要内容”。今后，凡是在年终考核中，不能遵守法律、依法办事的干部就是不合格的干部。

——执行关系。如果说遵守法律只是一个基本要求的话，执行法律和法治则是中国共产党作为执政党的更为重要的职责。1982年制定通过的我国宪法，要求包括中国共产党在内的各政党，都负有保证宪法实施的职责。对于中国共产党来说，执政党最大的任务便是带头执行宪法和法律，施行法治。

1997年党召开的十五大，首次提出“依法治国，建设社会主义法治国家”。十五大报告强调“一切政府机关都必须依法行政”。这之后，我们党完整地形

[1] 《习近平出席中央政法工作会议：干部要带头遵守法律》，《人民日报》2014年1月9日。

[2] 《习近平主持中共中央政治局第四次集体学习》，《人民日报》2013年2月25日。

成“依法治国、依法执政、依法行政”的三个提法，用“治”“执”“行”确立了党与法律之间的执行关系，党的各级组织和干部要带头执法、依法办事，做执行法律的模范。

党对法律和法治的执行力强不强，还在于能否推进基层治理法治化。党要把执行法律和法治的任务落实到基层，发挥基层党组织在全面推进依法治国中的战斗堡垒作用，建立重心下移、力量下沉的执行法律和法治的工作机制。

——受治关系。中国共产党的各级组织以及党员、干部，都不是生活在世外桃源、真空净土里，都处在法治的社会环境中，因此，党不可能也不允许逍遥于法律之外，而要接受法律的管治，形成受治关系。

党要接受法律的管治，首先就要接受党为自己制定的党内法规即党章和各种条例、规章制度的管治。党的十八届四中全会《决定》指出，党内法规“是管党治党的重要依据”，“党运用党内法规把党要管党、从严治党落到实处”。其次，党还要接受国家法律的管治。党员和干部违法犯法了，也必须接受国家法律的惩治。

党与法治之间的内涵实质关系在于，它既是领导制定和修改、完善法律的关系，更是带头遵守法律、带头执行法律的关系。党和法治之间不是冲突、对立的关系，而是具有内在协调一致的关系。党要按照法治的要求，在处处维护法治和促进法治的同时，还要接受法治的管治。

| 第九章 |

弘扬德治是国家治理之魂

中国的国家治理，不但实行依法治国，而且要求以德治国。如果法治是骨骼筋络的话，德治就是灵魂精神。法治与德治，作为国家上层建筑的组成部分，都是维护社会秩序、规范人们思想和行为的重要手段，它们互相联系、互相补充、缺一不可。只有法治、没有德治的国家治理，或者只有德治、没有法治的国家治理，都是不可能治理好国家的。习近平指出，“要坚持依法治国和以德治国相结合，把法治建设和道德建设紧密结合起来，把他律和自律紧密结合起来，做到法治和德治相辅相成、相互促进”[1]。

一、以德治国的丰富内涵

在中国，以德治国（简称“德治”），就是以马列主义、毛泽东思想、邓小平理论、“三个代表”重要思想、科学发展观为指导，以为人民服务为核心，以集体主义为原则，以爱祖国、爱人民、爱劳动、爱科学、爱社会主义为基本要求，以职业道德、社会道德、家庭美德的建设为落脚点，建立与社会主义市场经济相适应、与社会主义法律体系相配套的社会主义思想体系，并通过思想教育的方式，使之成为全体人民普遍认同和自觉遵守的行为规范。由

[1] 《依法治国依法执政依法行政共同推进 法治国家法治政府法治社会一体建设》，《人民日报》2013 年 2 月 25 日。

此定义可知，以德治国的“德”，是思想道德领域的“德”，它是在党的指导思想引领下形成的全中国人民的共同理想信念和共同道德规范。

那么，在中国现阶段，作为德治的共同理想信念是什么呢？就是中华民族伟大复兴的中国梦。

中华民族伟大复兴的中国梦，是由习近平在党的十八大闭幕不久提出并进行了深刻阐述。习近平指出：“中国梦的本质是国家富强、民族振兴、人民幸福。”[1] 这就是说，到2021年中国共产党成立100周年和2049年中华人民共和国成立100周年时，中国将逐步并最终顺利实现中华民族的伟大复兴，实现国家富强、民族振兴、人民幸福。国家富强，是指国家的综合国力进一步增强，包括经济发达、政治民主、法制健全、文化繁荣、科技进步、社会和谐、生态美好等全方位的发展和进步，也包括中国特色社会主义制度的巩固、完善和发展。民族振兴，是指中华民族具有再次处于世界民族之林的能力，能够把中华民族创造的优秀传统文化和文明成果传输给世界，并影响和改变世界，对人类做出较大的贡献；同时还包括具有维护祖国统一、领土主权完整和安全的能力。人民幸福，是指人民各项权益能够得到充分保障，幼有所爱、学有所教、劳有所得、病有所医、住有所居、老有所养，人人共享发展成果，人人有出彩和圆梦的机会。

中国梦成为中国特色社会主义的共同理想信念，成为激励中华儿女团结奋进、开辟未来的一面精神旗帜。

中国梦，是国家情怀、民族情怀、人民情怀相统一的梦。“家是最小国，国是千万家。”国泰则民安，民富则国强。中国梦的最大特点，就是把国家、民族和个人作为一个命运共同体，把国家利益、民族利益和每个人的具体利益紧紧联系在一起，体现了中华民族固有的“家国天下”的情怀。实现中国梦，意味着中国的经济实力和综合国力、国际地位和国际影响力大大提升，意味

[1] 中共中央宣传部：《习近平总书记系列重要讲话读本》，学习出版社、人民出版社2014年版，第28页。

着中华民族以更加昂扬向上、文明开放的姿态屹立于世界民族之林，意味着中国人民过上更加幸福富裕安康的生活。

中国梦，归根到底是人民的梦。人民是中国梦的主体，是中国梦的创造者和享有者。中国梦必须紧紧依靠人民来实现，必须不断为人民造福。我们的人民是伟大的人民，中国人民素来有着深沉厚重的精神追求，即使近代以来饱尝屈辱和磨难，也没有自弃沉沦，而是始终怀揣梦想，向往光明的未来。实现中华民族伟大复兴，不是哪一个人、哪一部分人的梦想，而是全体中国人民共同的追求；中国梦的实现，不是成就哪一个人、哪一部分人，而将造福全体人民。因此，中国梦的深厚源泉在于人民，中国梦的根本归宿也在于人民。

实现中华民族伟大复兴，是一项光荣而艰巨的事业，需要每一个人付出艰苦努力，用实干托起中国梦。2012 年 12 月，习近平在广东考察工作时强调："面向未来，全面建成小康社会要靠实干，基本实现现代化要靠实干，实现中华民族伟大复兴要靠实干。"[1] 实现中国梦，必须走中国道路，这就是中国特色社会主义道路。中华民族是具有非凡创造力的民族，我们创造了伟大的中华文明，我们也能够继续拓展和走好适合中国国情的发展道路。实现中国梦，必须弘扬中国精神，这就是以爱国主义为核心的民族精神和以改革创新为核心的时代精神。伟大的梦想，需要伟大的精神作支撑。没有振奋的精神、没有高尚的品格、没有坚定的志向，一个民族不可能自立于世界民族之林。实现中国梦，必须凝聚中国力量，这就是全国各族人民大团结的力量。各族人民大团结的力量，是克服各种困难、战胜风险挑战的决定性因素。实现中国梦，最终靠全体人民辛勤劳动。"功崇惟志，业广惟勤。"劳动是财富的源泉，也是幸福的源泉。人世间的美好梦想，只有通过诚实劳动才能实现；发展中的各种难题，只有通过诚实劳动才能破解；生命里的一切辉煌，只有通过诚

[1] 《习近平在广东考察时强调:增强改革的系统性整体性协同性 做到改革不停顿开放不止步》,《人民日报》2012 年 12 月 12 日。

实劳动才能铸就。劳动创造了中华民族，造就了中华民族的辉煌历史，也必将创造出中华民族的光明未来。必须牢固树立劳动最光荣、劳动最崇高、劳动最伟大、劳动最美丽的观念，让全体人民进一步焕发劳动热情、释放创造潜能，依靠辛勤劳动、诚实劳动、创造性劳动开创更加美好的生活。习近平提出来的中国梦，极大地凝聚了中华民族的意志，推动着中华巨轮乘风破浪、奋力前行。我们已经取得辉煌成就，正在向着百年梦想一步步靠近。只要一代又一代中国人勠力同心、不懈追求、接力奋斗，我们就一定能够到达中华民族伟大复兴的光辉彼岸。

在中国现阶段，作为德治的共同道德规范又是什么呢？就是社会主义核心价值观。

2014年5月4日，习近平在同北京大学师生座谈时指出："人类社会发展的历史表明，对一个民族、一个国家来说，最持久、最深层的力量是全社会共同认可的核心价值观。核心价值观,承载着一个民族、一个国家的精神追求，体现着一个社会评判是非曲直的价值标准。"[1]习近平还指出："在当代中国，我们的民族、我们的国家应该坚守什么样的核心价值观？这个问题，是一个理论问题，也是一个实践问题。"[2]中国特色社会主义，如果缺了核心价值观，就没有了精气神。这几年来，围绕着核心价值观的问题，展开了热烈的讨论，但是一直没有定论。经过反复征求意见，综合各方面认识，在党的十八大报告中提出，"倡导富强、民主、文明、和谐，倡导自由、平等、公正、法治，倡导爱国、敬业、诚信、友善，积极培育社会主义核心价值观"。"三个倡导"和浓缩凝练的24字，已然对社会主义核心价值观作出了明确的回应和一致的认可。对此，习近平作出了高度的评价，他说："富强、民主、文明、和谐是国家层面的价值要求，自由、平等、公正、法治是社会层面的价值要求，爱国、敬业、诚信、友善是公民层面的价值要求。这个概括，实际上回答了我们要

[1] 习近平:《青年要自觉践行社会主义核心价值观》,《人民日报》2014年5月5日。

[2] 习近平:《青年要自觉践行社会主义核心价值观》,《人民日报》2014年5月5日。

建设什么样的国家、建设什么样的社会、培育什么样的公民的重大问题。”[1]社会主义核心价值观，是以习近平同志为总书记的党中央对发展中国特色社会主义做出的新贡献。

社会主义核心价值观的“三个倡导”，就是从国家制度、社会集体、公民个人的“三个层面”，为社会主义核心价值体系建设指明了方向，为以德治国塑造了共同道德规范。

第一个层面，倡导富强、民主、文明、和谐，这是立足于社会主义核心价值观的国家层面。它表明，中国国家现代化建设的总体布局是经济建设、政治建设、文化建设、社会建设和生态文明建设，五大建设的共同价值追求目标在于富强、民主、文明、和谐。新民主主义革命时期，我们党曾把共同价值追求目标表述为“民族独立，人民解放”“国家繁荣，人民幸福”。而在社会主义建设新时期，我们的主要任务就是通过经济建设、政治建设、文化建设、社会建设和生态文明建设，实现全面建成小康社会和社会主义现代化。这样的目标从价值追求角度来说，就是经济上要越来越富强，政治上要越来越民主，文化上要越来越文明，社会和生态上要越来越和谐，达到“富强、民主、文明、和谐”。国家层面的社会主义核心价值观，集中体现了中国特色社会主义现代化的价值目标和价值追求，符合当代中国共产党人和全体中国人民的共同愿景，是一个凝聚人心、鼓舞士气、激发活力、振奋精神的价值目标。

第二个层面，倡导自由、平等、公正、法治，这是立足于社会主义核心价值观的社会层面。自由、平等、公平、法治体现了中国特色社会主义的基本社会属性，是马克思主义的基本要求，也是中国共产党人的一贯价值追求。马克思主义追求的终极目标就是人的自由而全面的发展。我们党自成立起，就把带领人民实现自由、民主、平等写到自己的旗帜上，并为之而不懈奋斗。新中国成立后，我们党又把这些目标写到社会主义旗帜上，使之成为激励人们发奋图强建设社会主义的强大精神动力。改革开放以来，随着我国社会主

[1] 习近平:《青年要自觉践行社会主义核心价值观》,《人民日报》2014年5月5日。

义市场经济体制的建立和社会主义民主政治的深入发展，广大人民群众的民主法治意识越来越强，自由平等观念日益深入人心，维护公平正义的要求也越来越高。正是适应广大人民群众这种新期待、新要求，我们党更加自觉地把自由、平等、公平、法治等理念深入扎实地体现到党的各项理论和实践之中。自由、平等、公平、法治是当代中国共产党人坚持科学发展、坚持以人为本、坚持执政为民、坚持依法治国伟大实践的集中价值体现，也是我们坚持和发展中国特色社会主义的核心价值追求。

第三个层面，倡导爱国、敬业、诚信、友善，这是立足于社会主义核心价值观的公民层面。爱国、敬业、诚信、友善，集中体现了社会主义国家公民的基本价值追求和道德准则要求。2001 年，中共中央印发的《公民道德建设实施纲要》就提出，要坚持以为人民服务为核心，以集体主义为原则，以爱祖国、爱人民、爱劳动、爱科学、爱社会主义为基本要求，在全社会倡导“爱国守法、明礼诚信、团结友善、勤俭自强、敬业奉献”的基本道德规范。2006 年 3 月，胡锦涛在参加全国政协讨论会时提出了以“八荣八耻”为主要内容的社会主义荣辱观，要求“热爱祖国、服务人民、崇尚科学、辛勤劳动、团结互助、诚实守信、遵纪守法、艰苦奋斗”。集中起来，就是爱国、敬业、诚信、友善这四个概念。爱国、敬业、诚信、友善的价值目标，是当代中国社会公民在构建社会主义和谐社会过程中自我修身的要求，整体文明的发展需要以个体素质的提高为前提，爱国是政治素养维度，敬业是职业道德维度，诚信是个人品德修养维度，友善是社会和谐的维度，这四个维度四位一体，共同组成了社会主义社会成员的日常行为规范。公民层面的社会主义核心价值观，集中体现了中华民族传统美德、中国共产党人革命道德和社会主义道德的精华，是中国共产党人对马克思主义公民道德和价值理念的新发展。

二、德治方略的形成和作用

以德治国，在中国有着悠久的历史。德治思想可以追溯到中国上古社会氏族公社内部的治理习惯，传说中的三皇五帝皆是以德治国的楷模，《尚书》《诗经》等文化典籍中也有不少以德治国思想的初步表述；孔子集前人德治思想之大成，明确提出并系统阐述了“为政以德”的治国方略；以后，历代儒家代表人物不断发展、完善孔子的德治思想，最终形成了一套比较完整系统的以德治国的思想体系和治国方略。

凡是人类进步的思想都是相通的。德治的思想，也存在于马克思主义中。马克思主义认为，建立一个合乎道德的理想社会是人类的目标，从马克思主义经典作家致力于对资产阶级统治以及资本主义社会不道德性的批判中，可以看到他们对未来人类社会合乎道德性的憧憬。在《德意志意识形态》一书中，马克思在批判资产阶级道德虚伪性的同时，从社会制度存在和发展的角度强调了道德的重要作用:“资产者对待自己制度的规章就像犹太人对待律法一样:他们在每一个别场合只要有可能就违反这些规章，但……如果全体资产者都一下子违反资产阶级的规章，那末，他们就不成其为资产者了，……淫乱的资产者违反婚姻制度，偷偷地与人私通；……实际上是为了自己而取消家庭。但是，婚姻、财产、家庭在理论上仍然是神圣不可侵犯的，因为它们构成资产阶级赖以建立自己的统治的实际基础，因为它们……是使资产者成其为资产者的条件，……资产阶级道德就是资产者对其存在条件的这种关系的普遍形式之一。”[1]这说明，资产阶级存在着不道德，但资产阶级也需要道德，而要分析资产阶级的不道德，只有到资本主义制度中去才能寻找导致不道德的社会原因。无产阶级革命只有消灭了资本主义制度，才能消灭资产阶级的不道德。而后来的作为马克思主义理论家的葛兰西，据此明确地提出无产阶级要战胜资产阶级和资本主义，必须掌握双重领导权的问题，其中之一是作为文化的、道德的领导者职能的问题，他指出，一个社会集团通过两条途径来实现它自己的至高无上的权力:作为“统治者”和作为“文化和道德的领导者”，前者实施国家治理的职能，后者则执行道德垂范的职能。在葛兰西看来，两

[1] 《马克思恩格斯全集》第3卷，人民出版社1972年版，第195—196页。

相比较，社会主义国家更要注重国家的道德职能，必须通过教育来提高广大人民群众的道德水平。这种教育职能是通过对公民执行道德的和知识的领导得以实现的，它体现在全部的教育、宗教、社会团体的各种工作之中。

新中国成立后，中国共产党第一代领导人毛泽东的治国方略，深受既来自中国优秀传统文化又来自马克思主义的以德治国思想的影响。毛泽东特别强调各级领导要树立全心全意为人民服务的思想，反对当官做老爷；强调政治思想领先，干部以身作则，率先垂范，反对搞特权、图享受；强调要任人唯贤，反对任人唯亲。与历史上儒家代表人物相比较，毛泽东不仅仅说，而且实实在在地做。正因为这样，20 世纪 50 年代初期我们国家出现了政通人和、吏治清明、欣欣向荣、天下大治的大好局面。可惜由于极“左”思潮泛滥的原因，这一局面未能保持下来。特别是到了“文化大革命”时期，治国理念出现根本失误，出现了既无德治、又无法治的混乱不堪的局面，无论是各级干部还是人民群众都深受其害。

1978 年党的十一届三中全会召开后，中国共产党第二代领导人邓小平倡导解放思想，拨乱反正。一方面，总结历史经验，明确提出依法治国的思想，大力加强社会主义民主法制建设，进一步巩固了无产阶级政权。另一方面，邓小平也反复强调“两手抓”的思想，要求全党高度重视思想政治工作和精神文明建设。邓小平要求克服忽视思想政治工作和精神文明建设的“一手硬、一手软”的倾向，多次阐明法治建设属于政治文明，思想道德建设属于精神文明，它们之间虽有联系，但却不能相互代替。

邓小平“两手抓，两手都要硬”的思想，深刻影响了中国共产党第三代及以后的中央领导人。针对着新形势下出现的一些新情况、新问题，1992 年在党的十四大报告中，江泽民强调，要在全国各族人民中树立正确的理想、信念和价值观，加强社会公德的教育。各行各业都要重视职业道德建设，逐步形成适合自身特点的职业道德规范，坚决纠正利用职权谋取私利的行业不正之风。在党的十五大报告中，江泽民再次指出，建设有中国特色的社会主义，必须着力提高全民族的思想道德素质，培育适应社会主义现代化要求的一代又一代有理想、有道德、有文化、有纪律的公民。在2000年6月召开的中央思想政治工作会议上，江泽民明确使用了“德治”概念，他指出，“法治以其权威性和强制手段规范社会成员的行为。德治以其说服力和劝导力提高社会成员的思想认识和道德觉悟。道德规范与法律规范应该相互结合，统一发挥作用”[1]。2001年，江泽民在全国宣传部长会议上的讲话中强调指出：“我们在建设有中国特色社会主义，发展社会主义市场经济的过程中，要坚持不懈地加强社会主义法制建设，依法治国，同时也要坚持不懈地加强社会主义道德建设，以德治国。对一个国家的治理来说，法治与德治，从来都是相辅相成，相互促进的。二者缺一不可，也不可偏废。……我们应始终注意把法制建设与道德建设紧密结合起来，把依法治国与以德治国紧密结合起来。”[2]由此形成了以德治国与依法治国紧密结合的重大战略决策。依法治国和以德治国，犹如车之两轮、鸟之双翼，不可偏废。依法治国是党领导人民治理国家的基本方略，法治在国家和社会治理中占有极其重要的地位。但法治的作用不是万能的，良法善治必须同德治紧密结合。道德是法律的基础，法律承载着社会的价值理想和道德追求。一些道德规范可以凝结为法律约束，一些法律规范可以转化为道德要求。它们在功能上互相促进，互相依靠。“徒善不足以为政，徒法不能以自行。”法律的实施要靠道德的依托，只有那些合乎道德、具有深厚道德基础的法律才能为更多人所自觉遵行。党的十八大以来，习近平更为明确地指出，“法律是成文的道德，道德是内心的法律。我们要坚持把依法治国和以德治国结合起来，高度重视道德对公民行为的规范作用，引导公民既依法维护合法权益，又自觉履行法定义务，做到享有权利和履行义务相一致”[3]。

道德先于法律而产生，其覆盖面又广于法律。道德在人类社会中可以说

[1] 《江泽民文选》第3卷，人民出版社2006年版，第91页。

[2] 《江泽民文选》第3卷，人民出版社2006年版，第200页。

[3] 《习近平谈治国理政》，外文出版社2014年版，第141页。

是无处不在、无时不有，其他一切社会规范莫不受道德规范的制约。贯彻落实依法治国，必须以以德治国作为基础。弘扬德治精神、实施德治方略，对于夯实国家治理的法治基础和思想道德基础，实现党和国家长治久安、实现中华民族伟大复兴的中国梦，都具有极为重要的现实作用和深远的历史意义。

弘扬德治精神、实施德治方略，以道德滋润法治，才能强化道德对法治的支撑作用。依法治国所依据的法，必须是反映人民意愿和社会发展客观规律的法，是合乎自由、民主、正义、公平观念的法。要制定这样的法律，从参加人员、制定过程到法的内容，都必须以正确的思想道德观念为指导，充分考虑道德因素和道德标准。良好的道德规范是评价法律规范善恶的重要标准之一。先进的道德规范也是法律规范的主要价值目标之一。立法绝不能违背正义观念、公共利益和社会主义道德的基本原则，一些重要和基本的道德规范本身就是法律规范的重要渊源。可见，法治和法律规范必须有道德基础。社会主义法律正是建立在社会主义道德的基础之上，并且有社会主义精神文明坚强的支撑保障作用。

弘扬德治精神、实施德治方略，以道德滋润法治，才能强化道德对法治的认同作用。一个国家公民对法律的认同和信仰，是法律存在的基础。公民对法律的认同，很重要的是对其蕴含的道德价值的认同；公民对法律的遵守，很重要的是源于思想道德觉悟的提升。法律依赖道德而被认同和遵行，再多再好的法律规定，都必须转化为人们内心自觉的认同才能真正为人们所遵行。“不知耻者，无所不为。”当大多数人对某一法律不屑一顾时，该法律就会成为一纸空文。假如没有道德滋养，法治规定就缺乏源头活水，法律实施就缺乏坚实的社会基础。只有坚持以道德为滋养，法治才有坚实的社会基础和广阔的发展空间。法治的直接目的是法的实现，法的实现是法律规范在人们的行动中的具体落实，也是人们守法的结果。在正常的社会里，道德水准的高低与守法自觉性的强弱成正比。社会主义法治要求社会成员有健康的守法心态，而守法心态的健康与否，又受到社会道德心理因素的制约。一般而言，对守法有重要影响的道德心理因素，主要是对遵守法律的义务感和对违反法律的羞耻心。正是由于这种义务感和羞耻心的作用，大多数的社会成员才能自觉约束自己的行为，严格遵守法律，把守法作为一种道德义务去履行，最终保证了法治的实现。因此，守法的自律心态是法律他律性目标实现的基础。

弘扬德治精神、实施德治方略，以道德滋润法治，才能强化道德对法治的信任作用。法治要公正、取信于民，关键在于能否公正执法。公正执法是法治最重要的内容。社会关系是复杂多变的，而法律具有一定的滞后性和僵硬性，且不可避免地具有一定的模糊性。现实中，执法者还具有一定的自由裁量权和证据采信方面的自由心证权。因此,能否公正、准确地把握立法宗旨，恰当地运用好这些权力，公正执法，就取决于执法者的素质，取决于执法主体的道德能力，即执法人员基于职业道德需要，完成执法工作所具备的主观条件，主要是道德判断力，这就需要提升法治工作队伍的思想道德水平。法治工作队伍是宪法法律的实施者、公平正义的捍卫者，他们的思想道德水平直接影响法治中国建设进程。要着眼建设高素质法治专门队伍,加强立法队伍、行政执法队伍、司法队伍思想政治建设，把理想信念教育摆在第一位，深入开展社会主义核心价值观和社会主义法治理念教育，坚持党的事业、人民利益、宪法法律至上，坚决反对各种不正之风，更好捍卫法律尊严权威。要把社会主义核心价值观作为检验法律实施效果的重要标尺，使执法司法行为既遵从法律标准又符合道德标准，既于法有据又合乎情理，获得坚实的民意基础、道义基础。执法人员只有具备良好的法律职业道德和较强的道德判断力，才能在履行法律职务过程中明断是非、公正执法，因此才会赢得社会和人民群众对法治的信任。[1]

---

[1] 吴真文、粟用湘:《论依法治国与以德治国》,《光明日报》2012 年 1 月 27 日。

三、德治建设的重点和途径

“国无德不兴，人无德不立。”社会生活的本质是实践，人们的社会实践又总是在一定的社会意识的支配下进行的。一个国家、一个社会，没有共同的理想信念，没有良好的道德规范，是无法实现良性运行的。国家的治理，社会的和谐，在很大程度上取决于全体社会成员是否具有思想道德素质，因此，有了以德治国的方略，还要进行德治建设。在中国进行德治建设主要包括两个重点：一要以德教育公职人员；二要以德教育人民群众。

首先，要以德教育公职人员。以德治国的思想和实践能否得到落实，起关键作用的是公职人员（包括各级党政机关的党的干部、政府公务员等），解决以德治党、以德治政、以德治官的大问题。只有当公职人员能够以德履职、以德行政，才能实现以德治国的目标。在这一点上，中国古代的政治实践特别强调当政者的道德修养是有着积极意义的。只有当政者具有良好的道德品质，凡事能够以身作则，其言行堪作社会的楷模，才能把国家治理好。如果当政者腐败不堪，暴虐无道，即使有着再好的法律制度，再健全的权力制约机制，在当时也无法起到对当政者的约束作用。从这个意义上说，以德治国的问题，实际上主要是一个以德履职、以德行政的问题。

公职人员的思想道德状况，对于以德履职、以德行政有着至关重要的意义。因为公职人员的道德状况对于公务处理、行政效能有着决定性的影响，正如隋代的王通所说：“不能仁，则智息矣。”只有有了良好的道德品性，智慧才能发挥作用，没有道德必然目光短浅，智力得不到发挥。小聪明，不注意修德的人，必然事事无成。“事者取诸仁义而有谋乎”，所以，首先需要教育公职人员如何为官、如何办事。在这方面，中国历史积淀下许许多多为官的忠告，概括起来应该主要体现为清廉、勤政、务实、高效这四种品德。其中，清廉是第一位的，是为官的基本准则。特别是在当今，清廉之德显得更加重要，这也是以德履职、以德行政的核心问题。对于行政人员来说，能否做到清廉，是衡量他能否做到以德行政的根本标准。如果公职人员不能自觉地拒绝腐败，不能做到清廉，不仅不可能以德履职、以德行政，而且触犯法律也是在所难免的事情。[1] 没有清廉，也就谈不上勤政、务实、高效。所以，以德治国必须以德治政、从严治政。各级党政机关一定要清廉、勤政、务实、高效，并把清廉放在第一位。各级党政机关和公职人员的根本职责是全心全意为人民服务，廉洁从政是最起码的要求。各级党政机关和每个公职人员，都要做到清正廉洁，恪尽职守，不辜负人民的殷切期望。

公职人员的思想道德建设是一个系统工程。首先，要突出制度道德教育的内容，即在政治体制和行政体制改革的过程中，在制度设计、体制转型和政府再造的过程中，要充分体现出道德的因素，使制度和体制包含着道德化的内容和为行政人员的道德意识的成长提供充分的空间。其次，要加强公职人员的道德素质培养和督察，在公职人员的选拔、使用、晋升等各个环节上都引进道德评价的手段，建立起一整套道德评价体系，以求通过几年的努力，使公职人员的总体道德素质实现全面的提升。

公职人员的思想道德建设还要基于作为公职人员的道德伦理具有他律性和自律性相统一的特点，从两个方面着手教育。所谓他律性，就是以德履职、以德行政的道德伦理是对公职人员的必要约束，不可或缺。从这样的他律性特点分析，需要加强以德履职、以德行政的道德伦理的监督机制建设。这几年查处的大量公职人员违纪违法案件，绝大多数是群众举报或者其他案件牵带出来而获得线索的，这在很大程度上反映了道德伦理对公职人员约束的软弱乏力，越是高级公职人员就越缺乏这样的他律约束。应加大对公职人员的道德伦理监督约束力度，特别要加强主动监督约束，做到公职人员的权力行使到哪里，道德伦理监督约束就延伸到哪里。所谓自律性，就是需要加强以德履职、以德行政的道德伦理的养成机制建设。概括地说，就是要加强公职人员的道德伦理的教育与修养。行政伦理学的研究表明，行政道德伦理的养

[1] 张康之:《以德治国与以德行政》,《新视野》2001 年第 3 期。

成大体要经过三个阶段：一是以履行公职义务为核心的道德他律时期；二是以履行公职责任心为核心的道德自律时期；三是将公职理想、行政态度、行政义务、行政责任心、行政纪律、行政技能、行政荣誉、行政作风等融为一体，将他律与自律有机统一起来的公职行政人格形成与完善时期。人格的力量很重要，各级领导干部要努力把真理的力量和人格的力量统一起来。这是每一位国家公职人员，特别是领导干部道德修养的目标。[1]

其次，要以德教育人民群众。人民群众就是国家和社会的公民，以德治国要教育人民群众，就必须加强公民道德建设。良好的公民道德是建设法治社会的重要基础和前提。要提高公民的道德素质，就要深入实施公民道德建设工程。公民道德建设是实施以德治国的最广泛的社会道德基础。在实施以德治国教育人民群众的过程中，公民道德建设的基本任务是：坚持爱国主义、集体主义、社会主义教育，加强社会公德、职业道德、家庭美德建设，引导广大公民树立建设有中国特色社会主义的共同理想和正确的世界观、人生观和价值观。以德治国应当在全社会认真提倡社会主义、共产主义思想道德，同时，要把先进性要求同广泛性要求结合起来，鼓励一切有利于解放和发展生产力的思想道德，一切有利于国家统一、民族团结、社会进步的思想道德，一切有利于追求真善美、抵制假恶丑、弘扬正气的思想道德，一切有利于履行公民权利与义务、用诚实劳动争取美好生活的思想道德，团结和引导亿万人民积极向上，不断提高全民族的思想道德水平。

公民道德建设有两个重点：一是培育和弘扬社会主义核心价值观。要把社会主义核心价值观的基本内容，即“富强、民主、文明、和谐;自由、平等、公正、法治；爱国、敬业、诚信、友善”这 24 字的内涵精神转化为人们的自觉追求，积极探索用社会主义核心价值体系引领社会思潮的有效途径，增强社会主义意识形态的吸引力和凝聚力，以融入国民教育和精神文明建设的全过程，融入经济、政治、文化、社会建设的各个领域，使之成为全民族奋发

[1] 王伟:《论“以德治国”》,《光明日报》2001 年 2 月 9 日。

向上的精神力量和团结和睦的精神纽带。要以为人民服务为核心，以集体主义为原则，以爱祖国、爱人民、爱劳动、爱科学、爱社会主义为基本要求，以社会公德、职业道德、家庭美德、个人品德为内容，以爱国守法、明礼诚信、团结友善、勤俭自强、敬业奉献为基本道德规范，在全社会形成团结互助、平等友爱、共同前进的人际关系。通过宣传教育，把广大公民培养成有理想、有道德、有文化、有纪律的人。

二是弘扬中华传统美德。中华优秀传统文化历来主张，要治理好国家，必须教导民众，化育民众。要发挥好中华传统美德的教化作用，就要深入挖掘中华优秀传统文化的思想精华和道德精髓，弘扬中华自强自主自立精神，强化善恶、是非观念和规矩意识，倡导契约规则，遵守公序良俗，自觉履行法定义务、社会责任和家庭责任。要利用重大纪念日、民族传统节日等契机开展形式多样的宣传活动，发挥新闻媒体、公益广告、文艺作品的教育功能。完善市民公约、乡规民约等行为准则，使社会主义道德更加深入人心，为推进法治建设培育丰厚的道德土壤。

德治建设工程要作为一项基础性工程来抓，采取切实有效的途径，抓出成效来。首先，要以基层群众自治和社区建设为重点，积极推进德治建设工程和实践活动。基层和社区是人民群众的主要活动场所。要把德治建设工程纳入社区发展规划，充分发挥社区的集聚功能、自治功能、服务功能，使之成为思想道德教育和培养的重要载体。要在建立基层群众自治机制、扩大基层群众自治范围、完善民主治理制度的过程中，在把城乡社区建设成为治理有序、服务完善、文明祥和的社会生活共同体的过程中，融入德治教育的内容，培育公民的思想道德意识，提升公民的思想道德素质。

其次，要以青少年群体为主要对象，着重抓好他们的思想道德教育。青少年时期是思想道德养成的重要时期。《中共中央关于进一步加强和改进学校德育工作的若干意见》《中共中央国务院关于进一步加强和改进未成年人思想道德建设的若干意见》和《中国普通高等学校德育大纲》等都提出，要深入进行爱国主义、集体主义、社会主义和中华民族精神教育，大力加强公民道德教育，切实改进学校德育工作，积极营造有利于青少年健康成长的良好舆论氛围和社会环境。

最后，要以整个社会为平台，动员和整合全社会力量进行全方位的思想道德教育。思想道德的教育和培养，离不开社会大环境。要健全公民利益表达机制，完善政务公开制度、社情民意反映制度、重大事项社会公示制度、社会听证制度及新闻发布会制度等民主制度，增强公民的民主意识，扩大公民有序的社会参与的广度和深度。要在党的领导下，健康、有序地发展公益性民间组织，发挥社会组织在思想道德教育和培养方面的积极作用。广泛开展学习型个人、学习型家庭、学习型组织、学习型城市及学习型社会创建活动。

| 第十章 |

实施共治是国家治理之重

共治，即共同治理，也称合作治理、协同治理、多元治理，是当代治理所呈现出来的最显著的特征之一。共治，意味着在公共事务领域中，国家与社会、政府与市场、组织与公民个人、公共部门与私人部门共同参与，形成合作、协商的伙伴关系，通过上下的、双向度或多维度的互动过程，最大限度地增进公共利益。它既包括政府机制，也包括非正式、非政府的机制。在共治展开的过程中，可以有未被正式赋予的权力，其主体也未必是政府，也无须依靠国家的强制力量，却能在其活动领域内有效地发挥作用。共治的存在基础是，形成被多数人接受才会生效的规则体系。实施共治，是国家治理的重心所在。

一、共治的理论依据

治理作为一种风靡全球的理论，它在当代的兴起和发展，有着广阔的经济政治背景和深刻的社会历史缘由。

一方面，当代治理理论的兴起是由于西方国家出现管理危机，即是针对着“政府失灵”“市场失灵”作出的回答。20 世纪 70 年代，西方发达国家出现了“社会福利病”，政府被视为“超级保姆”，政府管理中出现了职能扩张、机构膨胀、效率低下、服务低劣、财政不堪重负等一系列问题，出现了“政府失灵”，公民也无法对公共管理过程实施有效的监督；市场机制则造成了分配不公、外部化、市场垄断、失业等一系列问题，出现了“市场失灵”。面对政府和市场出现的失灵现象，以及第三部门作用的有限性，西方国家意识到公共事务的治理应该是政府、市场和社会的共同参与和合作。在这样的背景下，治理理论作为既重视发挥政府的功能，又重视社会组织群体力量的相互合作、共同管理的方式和理念登上了历史舞台。治理理论反映了西方社会整合政府的、非政府的多种管理工具以达到善治的目的。

另一方面，公民民主意识、民主权利的增强和社会组织的发展壮大，要求走向治理。随着自由、民主制度的实行和社会组织的成长成熟，公民成为各种社会自治组织和公共事务的直接参与者、决定者，形成了由其独立行使或与政府共同行使的社会活动过程，这已不再是统治，也不是管制和管理，而是治理了。治理是政府与社会力量通过面对面合作方式组成的网络系统。其中，社会组织集团是网络式治理体系中不可或缺的重要因素，它为网络式治理系统的全面运作提供了动力基础和体制化支撑。在众多领域，公民的社会组织或许可以比政府或市场的作用更为有效，且通过这些组织还可以改善政府的管理，弥补市场的缺陷。公民的社会组织的发展壮大，是治理理论勃兴的坚实基础。

当代治理理论的内容，集中在多元的焦点和核心上，换言之，共治的直接理论依据是多元化。多元化主要包括以下三方面：

第一，重视社会组织力量的多元化。治理理论认为，提供公共服务的职责不再仅囿于政府，非政府组织与私人组织同样可以提供公共服务，甚至供给效能更佳。政府并不是社会管理的唯一权力中心，社会中的非政府组织与私人组织也可以致力于公共服务的提供和社会问题的解决。在国家治理的变革中，应当把传统上属于政府的部分责任和职能转移给社会组织。

第二，重新定位政府在多元化中的角色。治理理论在关注社会组织力量多元化的同时，对政府的角色给予重新定位。治理理论所推行的调控方式使政府的地位和传统角色发生了根本的变化，使其成为有效政府而不是全能政府，国家和政府不再是唯一的决策者，政府成为治理体系的一个组成部分，但依然认为政府在当代社会中发挥着重要作用。为此，治理理论提出了元治理（meta-governance）的概念。元治理是为克服治理失效、使治理更加有效而提出的概念，“是对治理中的基本矛盾进行协调以实现治理活动成功的努力，从本质上看，元治理解决的是不同治理模式之间的冲突”[1]。元治理是治理理论重视政府在社会公共管理网络中的重要功能的体现，充当元治理角色的仍然是政府。但元治理也恰恰说明了，它是以多元为前提依据的。

第三，倡导多元的网络体系。在明确了政府的角色之后，治理理论对治理的网络体系做出了重要的阐释。新的治理体系的权力向度是多元的、上下互动的、相互依存的，而不是单一的和自上而下的。换言之，政府不再“一权独大”、依靠传统的统治权威对社会公共事务实行单向度的管理，而是通过社会合作网络，即建立在广泛协商基础之上的伙伴关系，实现社会治理。治理的主要特征“不再是监督，而是合同包工；不再是中央集权，而是权力分散;不再是由国家进行再分配，而是国家只负责管理;不再是行政部门的管理，而是根据市场原则的管理；不再是由国家‘指导’，而是由国家和私营部门合作”[2]。

以上阐述的治理理论表明，由于现代社会生活日趋复杂化、多样化，其对治理者的要求也趋于多元化，单一的治理主体以单一的方式自然无法满足社会的要求。因此，治理理论的基础依据是多元化。多元化，即在公共事务处置的制度安排方面，主张社会公共事务由多主体安排，要求主体多元化，由多元的主体在协商合作的基础上共同治理公共事务，形成多元治理。多元治理通过责任共担和契约化等多种形式，整合不同领域的力量以形成合力，共同促进公共事务的管理。多元治理既可以弥补政府力量的不足、提高政府

[1] 敬乂嘉：《合作治理——再造公共服务的逻辑》，天津人民出版社 2009 年版，第 185 页。

[2] [法]弗朗索瓦－格扎维尔·梅理安、肖孝毛：《治理问题与现代福利国家》，《国际社会科学杂志（中文版）》1999 年第 1 期。

的治理能力，也可以通过“让权于社会、让权于市场”，增强社会和公民参与公共事务管理的积极性、主动性，促进社会公共事务管理事业的发展。

多元化和多元治理，形成以下五种特点：一是主体多元。多元治理包括多个治理主体，其主体既可以是政府与市场、社会、公民的合作，也可以是公共机构和私人机构的合作，强调多元主体相互平等，不再是政府垄断的单一主体模式，不再侧重于政府主导社会经济等各项事务。由于现代社会是一个权力、利益逐渐分化的多中心社会，多元治理坚持利益主体的多元化，充分体现了“协商民主注重民主的实质，以承认利益多元化为前提，主张协调各方利益，谋求社会和谐”[1]，制定政策、措施时应考虑各种不同主体的利益，并以社会公共利益最大化为取向。

二是权力多元。多元治理的权力向度是多元的，其权威并不限于政府，否认在公共治理体系中存在一个至高无上的权力中心。故多元治理虽然需要权威，但这个权威却并非一定是政府。鉴于任何一个治理主体都不可能拥有充足的资源来独自解决社会公共问题，各主体必须相互依赖、进行谈判和交易来解决问题，政府则要以法律及公共政策的形式支持不同的利益要求。同时，虽然各治理主体共同参与决策，但在不同决策层次各主体权力有所不同，其权力大小取决于与决策对象的利益相关度。

三是方式多元。多元治理的方式既可“上下互动”也可“水平互动”，更强调灵活性、协调性、沟通性，主要通过协商、协调、沟通、合作、确立认同和共同的目标等方式来治理公共事务，改变了对社会公共事务实施管制或管理的“居高临下”“自上而下”的传统方式。因此，多元治理是各主体互动协作的过程，以协商、参与机制为基础。有效的协商和参与机制是保证多元治理模式健康发展的重要基础。多元治理通过促进不同治理主体之间的沟通与协商，使政府与其他利益相关者原来的管理与被管理、控制与被控制的关系转变成了相互协作的关系。各个治理主体之间的协作意味着以妥协和相互

[1] 燕继荣：《协商民主的价值和意义》，《科学社会主义》2006 年第 6 期。

理解为基础的契约关系，以及对权力和资源的更为公平的分配和再分配。

四是运作多元。多元治理的运作方式是复合的、合作的、包容的，以调节复杂多变的社会关系和利益矛盾，增强治理的有效性，改变过去单向的、强制的、刚性的行政控制或命令主义的“统治”方式。多元治理运作过程应保持灵活透明、信息公开，并对治理风格与文化的变化给予及时回应，通过多元治理的运作过程对多元利益主体的责任进行分配。

五是规则多元。多元治理在传统的法律、法规和政策的规则体系基础上，采用契约的、多边的、自治的法律法规、合约、信用、自治章程等规则体系。多元治理行为者有能力和责任运用这些法律的、市场的和文化的规则等来更好地调控和指引公共事务，弥补法律、法规和政策的不足。多元治理的原则可概括为构建信任体系、开放的信息系统、信息共享等原则。

概而言之，共治的理论基础在于多元化以及由此形成的多元治理，多元化强调的是国家与社会、政府与市场、组织与公民个人、公共部门与私人部门等多元主体之间相互交流、合作与协调的共同治理、共同决策、共同分享的过程。与此同时，多元化和多元治理也是一种多层次的、多方式的治理模式，是多元权力向度、多元治理方式、多元运作方式、多元治理规则的统一。

二、共治的主要方式方法

共治的主要方式是协商，也称协商民主。协商民主（deliberative democracy），是一种民主形式，即经过审慎思考和反复讨论的民主治理模式。在国际上，1980 年，约瑟夫·毕塞特首次使用，1987 年和 1989 年，伯纳德·曼宁和乔舒亚·科恩的文章推广了这一术语的使用，而后来罗尔斯和哈贝马斯则专注于协商民主理论的研究，并为此出版了专著，成为该理论的代表人物。协商民主理论的传播发展，也推动了中国对该理论的理解和应用。其实，中国早有协商民主的传统和做法，协商民主理论在西方兴起后，加深了中国对协商民主的认识。

西方学者主要从如下几个方面来理解协商民主：第一，协商民主模式下，每一个公民都能够自愿参与讨论、自由表达观点，它是一种多元文化的表现形式。第二，协商民主强调对话的原则是共同服务于公共利益。第三，协商民主达到目的的方式是对话、沟通和相互的妥协。无疑，共治的展开和进行，完全可以也必然需要运用协商民主的方式。

协商民主，可以说是介于全民民主与精英民主之间的更为有效的一种民主形式。全民民主虽然是全体公民的民主，但不太容易操作和把握，在现实中更是不易实现；精英民主既然是少数人的民主，自然不能充分体现公众的意志，而协商民主恰恰介于二者之间，既具有可操作性，又能够更好地体现公众意志。确切地说，协商民主是社会精英组织公众很好地参与政治协商和对话，实现社会公共利益的民主方式。在西方，协商民主获得了学术界的广泛关注和在政治生活实际中的广泛运用。在中国亦是如此，这不仅是因为受到西方理论界的影响，更重要的原因是，我们具有协商民主的理论基础和实践经验。早在新中国成立之初，就召开了中国人民政治协商会议，并建立了相对完善的政治协商制度。现阶段，各级政协通过政治协商的民主方式，发挥了重要的参政议政作用。

从中国的实际出发，协商民主之所以可以而且应该成为中国方方面面、上上下下共同治理的主要方式，其原因如下：

第一，协商民主具有最广泛的群众基础。中国是人民民主专政的国家，人民当家作主，人民的利益高于一切，为人民服务是国家和政府工作人员的宗旨和出发点，“一切为了群众，一切依靠群众，从群众中来，到群众中去”，是中国共产党始终坚持和贯彻的群众路线的根本要求；“团结一切可以团结的力量，组成浩浩荡荡的队伍”，是中国共产党致力于建设统一战线的深刻内涵。各行各业的劳动者，民主党派和无党派民主人士，都是党的群众路线和统一战线的依靠力量，要达到这样的目的，就要实行协商民主。

第二，协商民主是满足公民权利的现实途径。公民权利的实现状况，代表着一个国家政治文明的发展程度。公民权利的实现工具很多，例如，经济的手段、法律的手段、行政的手段，等等，而协商民主是一个重要的、便捷的手段。协商民主成为公民权利实现的便捷的、有效的手段，是社会发展进步的必然产物，是公民参与意识提高的体现，是更能满足公众期待和要求的一条现实途径。

第三，协商民主是实现治理利益的有效方式。共治的目的在于实现公众的利益，公众要实现符合自己意愿的利益，首先就要表达自己的意志。协商民主是公民意志的表达方法之一，使公民具有更多的话语权，“公民与政府之间的平等对话一直就是民主思想的核心”[1]，这样的协商民主形式越来越受到政府和公众的青睐；其次，协商民主的协商过程，本来就是双方或多方博弈和妥协的过程，看起来是双方或多方都做出了妥协，实际上是一个消除分歧、达成共识的过程。没有协商，就没有共识，由此，西方学者把“每个公民都有协商责任”[2]作为协商民主的基本前提，是一种责任，在协商的过程中，不同的人承担了不同的角色、职能和责任。只有在这样的基础上，才有了更广阔的商谈空间，也就能为公民争取到更多的合理的利益。再次，协商民主是实现公众利益和有效治理的双赢或多赢模式。协商民主能够得到广泛的传播和认同，不仅在于其更加有利于实现公众利益，也在于它有利于多元治理，有利于政府和各方面的沟通，并且有利于治理效率的提高。

协商民主作为共同治理、多元治理的主要方式，还包含着要采取和运用以下比较常见的几种具体方法：

——对话。对话是为了进行社会协商而广泛采用的一种方法，就是围绕公众关心的某一重大社会问题，由党政机关的负责人，与相关的公众群体或社会团体，面对面地进行平等的、直接的、公开的对话，听取公众的意见，

[1] ［美］玛莎·麦科伊、［美］帕特里克·斯卡利：《协商对话扩展公民参与：民主需要何种对话？》，《协商民主》，上海三联书店2004年版，第115页。

[2] ［英］马修·费斯廷斯泰因：《协商、公民与认同》，《协商民主》，上海三联书店2004年版，第328页。

回答公众的问题。在中国,这样的社会协商对话,特别有利于领导和群众之间、这部分群众和那部分群众之间，交换意见，平等协商，以便正确处理和协调各种不同的社会利益和矛盾。

——沟通。沟通是理解不同语言、文化思维方式之间的差异，并随时对自己的思想作出调整的方式。不同的文化背景造成了人们行为方式的不同，如果按照自己的文化价值观去理解对方，可能会得出完全错误的结论，甚至会误解对方的动机和目的，这就需要沟通。在开展多元治理中，进行多方的、及时的沟通尤为重要。沟通在治理的多主体交往中，起着增进了解、实现信息互换、协调误解和化解矛盾、加强协作等积极作用。

——商谈。商谈就是交谈,就是谈话、交心,如进行个别商谈和集体商谈,或称为恳谈。民主恳谈，是一项倾听民声、体察民情、解决群众困难、实现民主决策的制度化措施。它是通过恳谈的方式，充分征求群众意见和建议，从而了解社情民意，为进一步实现民主决策、解决群众热点、难点问题积累第一手资料，为正确决策奠定基础。例如，在浙江温岭市开展的恳谈，由最初的对话型恳谈，到后来的决策型恳谈，民主恳谈的议题范围越来越广，公众参与的程度也越来越深。

——合作。合作是共同治理、多元治理的基本条件和方法。成功的共同治理，需要成功的合作。成功的合作需要具备的基本条件主要有：一致的目标，任何合作都要有共同的目标，至少是短期的共同目标；统一的认识和规范，合作者应对共同目标、实现途径和具体步骤等，有基本一致的认识，在联合行动中合作者必须遵守共同认可的社会规范和群体规范；相互信赖的合作气氛，创造相互理解、彼此信赖、互相支持的良好气氛是有效合作的重要条件。合作本身又具有非常宽泛的含义:一是具有不同的类型,按合作的性质,可分为同质合作与非同质合作。同质合作，即合作者无差别地从事同一活动。非同质合作，即为达到同一目标，合作者有所分工，进行不同范围、不同内容的活动。按照有无契约合同的标准，合作分为非正式合作与正式合作。非正式合作发生在初级群体或社区之中，是人类最古老、最自然和最普遍的合作形式。这种合作无契约上规定的任务，也很少受规范、传统与行政命令的限制。正式合作是指具有契约性质的合作，这种合作形式明文规定了合作者享有的权利和义务，通过一定法律程序，并受到有关机关的保护。按合作的参加者分，有个人间的和群体间的合作等。就合作本质而言，双方具有平等的法人地位，在自愿、互利的基础上实行不同程度的联合。

——妥协。妥协是共同治理中不可避免的事情，因为在共同治理、多元治理中，难免发生利益冲突，需要采取和平式的协商谈判。妥协是谈判的一个组成部分，谈判是指两个以上的个人或团体彼此有着共同且相互排斥的利益，通过讨论各种可能达成协议方案的过程。有关妥协在谈判中的作用，西方学者普遍认为，谈判已成为自由社会中不可缺少的必要程序。它使我们在妥协彼此的利益冲突时，了解到彼此的共同利益，而这种方法比人们截至目前为止所采取的其他大多数方法都更为有效。多元主义者认为“政治决定是多个集团讨价还价和竞争的结果”[1]。如果排斥妥协，共同治理、多元治理就找不到合适的、可操作的方法，就等于拒绝共同治理、多元治理。

三、共治实践发展的典型

当西方国家在20世纪七八十年代开始关注协商民主和酝酿多元化、多元治理时，中国共产党领导的多党合作和政治协商制度，却已经有了三十多年的发展历史。中国人民政治协商制度，是共同治理的一个典型实践，它是在中国共产党领导下，以多党合作为基础，有各民主党派、各人民团体、各爱国人士、无党派人士和少数民族代表参加的，以中国人民政治协商会议为组织形式，就国家的大政方针、各族人民政治与社会生活中的重大问题进行民主、平等的讨论和协商的一种制度。它根本不同于西方资本主义国家的两党制或多党制，也有别于一些社会主义国家实行的一党制。它是马克思列宁主义同

[1] ［美］迈克尔·罗斯金：《政治科学》，华夏出版社2002年版，第63页。

中国革命与社会主义建设、改革发展实践相结合的一个创造，是符合中国国情的共同治理制度。

人民政协基本上是由中国共产党、各民主党派、各人民团体及无党派人士组成。目前，人民政协全国委员会的参加单位有：中国共产党、中国国民党革命委员会、中国民主同盟、中国民主建国会、中国民主促进会、中国农工民主党、中国致公党、九三学社、中国台湾民主自治同盟、无党派人士、中国共产主义青年团、中华全国总工会、中华全国妇女联合会、中华全国青年联合会、中华全国工商业联合会、农民代表、文学艺术界、科学技术界、社会科学界、教育界、体育界、新闻出版界、医药卫生界、对外友好团体、少数民族、宗教界、归国华侨、台湾同胞联谊会、港澳同胞及特邀的人士。人民政协组织分为政协全国委员会和政协地方委员会。政协地方委员会主要包括省、自治区、直辖市的政协委员会和自治州、设区的市、县、自治县、不设区的市、市辖区的政协委员会。人民政协经过六十多年的发展，已逐渐地形成了较为完善的组织系统，从中央到省、市、县四级基本实现了哪里有党政机关，哪里就有政协。随着社会主义民主政治的逐步发展，人民政协的工作职能也在不断地加强。中国共产党领导的多党合作和政治协商，是通过多种方式实现的，而人民政协则是实现多党合作和政治协商的重要组织形式。各民主党派的成员在这里是以党派代表的身份，同中共和社会各方面人士，就有关国家大政方针和群众生活中重大问题，以及重要人事安排进行民主协商。通过人民政协的协商和各种活动表现出来的同各民主党派之间的合作关系，不是共产党同某一个党派的合作，而是同所有党派的合作。

政治协商制度的首要功能是政治协商，它是最广泛的协商民主。这样的协商民主，是指中国共产党和各民主党派人士直接交换意见，沟通思想，商讨问题。它有利于中国共产党听取各方面的意见，宣传解释自己的主张，取得各方面的支持和协助，促进决策的科学化、民主化；有也利于民主党派发挥参政议政的作用。政治协商的内容主要包括以下几个方面：国家改革开放的重要方针政策；政府工作报告；国家财政预算；国家经济与社会发展规划；国家政治生活方面的重大事项；将要由全国人大及其常委会审议的重要法案和决议案；中共中央与中央国家机关重要人事安排；国家行政区划的重要变动；外交方面的重要方针政策；有关国家统一方面的重要方针政策：有关群众生活的重大问题；各党派之间的共同事务；政协内部的重要事务以及有关统一战线的其他重要问题。政治协商的形式大体上有这样几种：一是中共中央主要领导人邀请各民主党派主要领导人和无党派的代表人士举行民主协商会，就中国共产党将要提出的大政方针问题进行协商。这种会议一般每年举行一次。二是中共中央主要领导人根据形势需要，不定期地邀请民主党派主要领导人和无党派人士举行高层次、小范围的谈心会，就共同关心的问题自由交谈、沟通思想、征求意见。三是由中国共产党召开民主党派、无党派人士座谈，通报或交流重要情况，传达文件，听取民主党派、无党派人士提出的政策性建议或讨论某些专题。这种会议大致每两个月举行一次。有的座谈会也通过中共全国政协党组来组织。四是除会议协商之外，各民主党派、无党派人士就国家大政方针和现代化建设中的重大问题向中国共产党提出书面的政策性建议，或约请中国共产党负责人交谈。以上各种协商形式，也通行于中共地方党委和民主党派地方组织之间。

其次，民主监督。民主监督是中国共产党同各民主党派在共同政治原则的基础上，互相提意见、做批评。就其主要方面来说，是民主党派对执政的中国共产党和各级人民政府进行监督。民主党派民主监督的主要内容，包括国家宪法、法律和法规的实施情况；党和政府制定重大方针政策以及重要改革方案的贯彻执行情况；国民经济和社会发展规划以及财政预算执行情况；党政机关工作人员履行职责、遵纪守法等情况。民主党派民主监督的主要渠道有：一是通过人民政协发挥其民主监督作用。由于民主党派是人民政协的基础部分，人民政协就成了民主党派发挥监督作用的重要渠道。二是通过参加政权发挥其民主监督作用。民主党派成员参加政权，与执政的中国共产党合作共事，就包含监督在内。三是通过参加民主协商会、座谈会、谈心会等发挥其民主监督作用。很多情况下，协商本身就意味着监督，监督包含着协商。如对某一人事安排的协商过程，本身又意味着对党和政府人事工作的监督。四是在社会服务的过程中发挥其民主监督作用。民主党派广泛而经常地开展各种社会服务，如提供科技和经济信息、咨询、支边、兴办文化教育事业、社会考察、对外科技文化交流等，既是贯彻党和国家方针政策的过程，也是发现问题、调查研究和解决问题，发挥其民主监督作用的过程。

最后，参政议政。参政议政，即参与政治、议论政治，是指各民主党派对经济、政治、文化和社会生活中的重要问题以及人民群众普遍关心的问题，开展调查研究，反映社情民意，进行协商讨论。通过调研报告、提案、建议案或其他形式，向中国共产党和国家机关提出意见和建议。参政议政是人民政协履行职能的重要形式，也是党政领导机关经常听取参加人民政协的各民主党派、人民团体和各族各界人士的意见和建议、切实做好工作的有效方式。参政议政的内容主要有：选择人民群众关心、党政部门重视、政协有条件做的课题，组织调查和研究，积极主动地向党政领导机关提出建议性的意见；通过多种方式，广开言路，广开才路，充分发挥委员专长和作用，为改革开放和社会主义现代化建设献计献策；广泛参与经济、政治、文化和社会活动，对一些共同关心的事项开展评议；等等。参政议政的主要形式有：反映社情民意、各种协商例会，各种专题议政会、专题研讨会、专题调研、委员视察、考察、政协委员参与中共党委与政府统一组织的检查和巡视等。

中国共产党领导的多党合作和政治协商制度，作为共同治理的范例虽然有了长足的发展，但仍然需要不断地加以改进和完善。

一是要努力做到选准协商议题。必须抓住重点、难点和群众关心的热点问题。否则，就难免出现事无巨细都得协商和该协商的而未协商的倾向，影响民主协商发挥作用。协商之前要知情，知情是协商的基础，只有知情，才能献计出力。必须事先通知，使参加协商的人知情，并给予酝酿、调查、学习和准备意见的时间。协商形式要灵活，如对全局的决策问题和统一战线内部的重要事务，应当采取会议形式协商；对工作任务中的重点、难点问题，可采取现场协商的形式来解决；对群众关心的热点问题，则可采取建议案的形式协商。协商效果要落实，只有把协商中提出的意见和建议付诸实施，才能发挥效益。

二是要进一步加强民主监督。应做到“唱对台戏”。这里所说的“对台戏”是指在接受中国共产党领导的前提下，在社会主义的共同立场上，在宪法和法律范围内，提意见做批评，使决策尽可能民主化、科学化。在讨论中，对于某些问题的解决，民主党派可以提出与共产党不同的方案，展开论辩，以求最后达到共识，然后按法定程序作出裁决，之后如果还存在不同意见仍可保留。

三是要进一步推进协商民主广泛多层制度化发展。协商民主是我国社会主义民主政治的特有形式和独特优势，是党的群众路线在政治领域的重要体现。在党的领导下，以经济社会发展重大问题和涉及群众切身利益的实际问题为内容，在全社会开展广泛协商，坚持协商于决策之前和决策实施之中。构建程序合理、环节完整的协商民主体系，拓宽国家政权机关、政协组织、党派团体、基层组织、社会组织的协商渠道。深入开展立法协商、行政协商、民主协商、参政协商、社会协商。加强中国特色新型智库建设，建立健全决策咨询制度。要发挥人民政协作为协商民主重要渠道作用，重点推进政治协商、民主监督、参政议政制度化、规范化、程序化。各级党委和政府、政协制定并组织实施协商年度工作计划，就一些重要决策听取政协意见。完善人民政协制度体系，规范协商内容、协商程序。拓展协商民主形式，更加活跃有序地组织专题协商、对口协商、界别协商、提案办理协商，增加协商密度，提高协商成效。在政协健全委员联络机构，完善委员联络制度。

| 第十一章 |

推进自治是国家治理之基

中国的国家治理，不但需要共治，而且需要自治。实质上，国家不是万能的，国家对很多社会事务没有足够多的办法，也缺乏足够的能力予以妥善处理。虽然，历史上有许多国家都曾经试图将权力渗透到深层次的社会生活领域中，但这样的尝试通常是失败的，其结果往往违背了社会独立的运行规律，抑制了社会的创造性和愿望。国家权力只能在一定的范围内运行，超越了范围就是它的能力所不及的，就会给经济社会发展带来损害。但社会不能缺乏治理，否则就会处于无序混乱状态，这就需要采用适当的治理模式，由相关主体担负起社会治理的职责，基层群众自治就是社会自负其责的表现。中国是很早就开始探索基层群众自治的国家，自治已成为国家治理之基。

一、基层群众自治的形成发展

基层群众自治制度，是指基层自治主体在不违背国家宪法和法律、法规的强制性规定的前提下，自己去管理，自己去决定，或选出代表去治理相关的公共事务。在我国，就行政区划层级而言，“基层”主要指县（市）级、乡（镇）级和村（居）级。具体而言，包括县、城市的区、不设区的市、乡（民族乡）、镇以及农村的村、城市的居。“自治”，是作为“官治”的对应物而出现的，或称“民治”。在英文中，“自治”为“self-government”，是指某些人或集体组织管理其自身事务，并且单独对其行为和命运负责的一种状态。目前，我国宪法和法律中所规定的基层群众自治主要涉及两种形式，即城市居民自治和农村村民自治，城市和乡村群众自治组织有居民委员会和村民委员会。一个居民委员会或村民委员会治理的地域范围统称为“社区”。

——城市社区自治的形成发展。城市群众自治组织是我国城市居民直接参与基层事务管理，依法行使管理国家和社会事务的民主权利的一种具体方式。在我国，城市基层民主政治建设和基层治理选择以居民自治的方式展开，经历了四个阶段。

一是创立与早期发展阶段（1949—1957 年）。新中国成立后，中国共产党在城市管理中废除了国民党时期的保甲制度，对大城市的区级建制进行了合并重组，形成市、区两级政府。由于当时的就业面还很小，大部分居民失业，同时城市中的一批半固定职业的劳动者在居民中占有很大的比重。为了有效地把城市居民组织起来，参加国家政治生活和生产劳动活动，各地城市的军管会和人民政府向基层派出工作组，组织居民开展各项民主改革活动，协助人民政府进行治安管理、开展爱国卫生和生产服务等日常工作，相继成立了居民委员会组织。1954 年，中央人民政府内务部总结了包括天津、武汉等城市建立居民组织和开展居民工作的经验，并于当年 12 月 31 日，由全国人大常委会制定了《城市居民委员会组织条例》，以法律的形式明确规定“居民委员会是群众性的居民组织”。参照公安户籍段的管辖区域设立，一般每一百户至六百户设一个居委会，由各居民小组推选的委员 7—17 人组成。企业职工居住集中的住宅区或者较大的集体宿舍，可以设立职工家属委员会兼任居委会的工作。这样，城市街道办事处和居民委员会作为城市基层管理体制的组织载体，正式纳入国家政治制度的框架。从此，居委会自治组织在全国各地蓬勃发展起来。这一时期的居委会，在兴办本居住地居民的公共事务和公益事业，调节民事纠纷，协助维护社会治安，向人民政府及其派出机关反映民情民意，宣传各种法律法规和方针政策，维护居民合法权益，教育居民履行相应义务，组织文化娱乐活动，建立和发展居民之间的新型人际关系，做好优抚救济、青少年教育、公共卫生等方面，发挥了其他组织所代表不了的巨大作用。

二是曲折发展阶段（1958—1965 年）。在“大跃进”和“人民公社化”运动的影响下，居民委员会为解决妇女劳动力的就业问题，兴办了一些生产与服务性机构（如食堂、修配服务站等），做了许多有益的工作，但在这一阶段中，由于“狠抓阶级斗争”，影响了居委会正常功能的发挥，并且在许多城市，居民委员会经过调整合并后减少了许多。其成员也主要是企事业单位退休人员、居委会干部和居委会开展工作过程中涌现出来的少数积极分子。因此，在这一时期，无论是居委会的组织机构，还是人员素质都受到了相当程度的削弱，居委会的功能发挥受到了较大影响。

三是发展停滞阶段（1966—1977 年）。“文化大革命”中，整个居委会组织遭到严重破坏，并被更名为“革命委员会”，建立了群众专政队和业余工宣队，进驻了民兵小分队。在这种情况下，居委会的工作实质上是以“阶级斗争”为中心，其作用受到很大限制。“文化大革命”期间，受阶级斗争扩大化的影响，居委会群众自治的性质被歪曲，功能变形，成为开展群众性阶级斗争的工具，既严重背离了城市居民建立居委会的初衷，也与现代民主政治的要求背道而驰。

四是恢复与发展阶段（1978 年至今）。改革开放后，居委会长期以来性质不清、职责不明的问题得到了政府的纠正，城市居民自治开始进入法制化的新阶段。1982 年宪法中规定：“人民依照法律规定，通过各种途径和形式，管理国家事务，管理经济和文化事业，管理社会事务。”“城市和农村按居民居住地区设立的居民委员会或者村民委员会是基层群众性自治组织。”为了使居委会的工作有法可依，保障它的健康发展，1989 年第七届全国人大常委会第十一次会议重新修订《城市居民委员会组织条例》，并改名为《中华人民共和国城市居民委员会组织法》。在国家正确方针指导下，全国建立了城市居委会十余万个。

经过 30 多年的建设和发展，城市社区在民主选举、提供服务等方面取得了明显成效。在民主选举方面，我国城市地区已经普遍建立了由社区居民通过间接或直接方式选举的社区委员会或社区居民委员会等群众自治组织。与此同时，城市社区的民主决策、民主管理、民主监督制度也在逐步规范和完善之中。在社区服务方面，社区自治组织的作用不断加强。目前，社区服务工作主要以社区自治组织为依托，通过市场服务主体、社区志愿者队伍和政府扶助等形式，广泛地开展面向社区居民的便民利民服务和文化、体育、娱乐、卫生服务，面向离退休老年人、残疾人、优抚对象的社会福利服务，面向困难居民、困难职工的特殊服务和面向社区及企事业单位的社会事务服务等，受到了社区居民和单位的广泛欢迎，并由此增强了社区意识和社区凝聚力。城市居民依法实行自我管理、自我服务、自我教育、自我监督，为推进社会主义民主政治，促进城市经济发展和社会进步，发挥了巨大作用。

——农村社区自治的形成发展。农村基层自治发端于20世纪80年代初期，并在 80 年代中后期伴随着人民公社体制的解体而迅速普及，成为具有中国特色社会主义的农村基层民主制度和农村治理的一种有效方式。中国农村的社区村民自治，大致经历了三个发展阶段。

一是探索阶段（1980—1987 年）。1978 年后，我国的改革率先从农村突破，在全国范围内普遍实行了以“大包干”为主要形式的家庭联产承包责任制。这一制度的推行，一方面使农民获得了生产经营自主权，也使农村的生产方式和分配方式发生了根本性的变化，使原来负责组织农民统一生产、统一分配的生产大队、生产队两级组织失去了依托而逐渐瘫痪。另一方面又导致了农村基层管理的某些职能无人负责，村庄里出现了一定程度的无序混乱状态。在这种情况下，一些地方的农民自发创设了村民委员会这一新的组织形式。1980 年 2 月，全国出现了第一个村民委员会。这一新生事物的出现，得到了中央的高度重视和充分肯定。1981 年下半年，中央派出调查组，经过深入调查研究后对这一做法予以肯定。1982 年修改宪法时，总结各地经验，把“村民委员会”这一组织形式写进了宪法条文，明确规定了村民委员会的性质和任务，确立了村民委员会是群众自治组织的法律地位。之后，全国农村逐步建立了乡镇政府和村民委员会。

二是发展阶段（1988—1998年）。虽然宪法对村民委员会的性质和任务作了规定，但是村民委员会建立之后，农民群众如何实行自我管理、自我服务、自我教育、自我监督，需要在实践中不断探索，并从法律上加以规范。1987年，第六届全国人大常委会第二十三次会议审议通过的《村民委员会组织法（试行）》，就是在总结各地实践经验的基础上制定的，它为村民自治提供了法律保障。1990年中央几个部委联合召开的会议，对村民自治给予了充分肯定。1992年，中央总结了“依法建制，以制治村，民主管理”的经验，丰富了村民自治的内容。1994年中央召开的全国农村基层组织建设工作会议，明确提出完善村民选举、村民议事、村务公开、村规民约等项制度，使村民自治的内容和形式进一步完善。国家民政部在认真总结各地经验的基础上，把村民自治活动概括为“四个民主”，即民主选举、民主决策、民主管理、民主监督。

三是普及阶段（1998年至今）。在村民委员会组织法10年试行期间，村民自治从探索试点到面上展开，从思想认识分歧较多到思想认识逐步统一，从具体操作办法不规范到逐步规范，不断走向成熟，日益深入人心，并植根于广阔的农村大地。1998年11月4日，第九届全国人大常委会第五次会议审议通过了修订后的《村民委员会组织法》，在加强党的领导、选人、议事、监督方面充实了新的内容，对村民委员会的性质、职能和相关问题作了更加明确的规定，从而使村民自治有了更加可靠的法律保障。村民自治发展到今天，已经成为国家在农村工作中的一项基本政策，成为与家庭承包经营、乡镇企业并列的农村改革30多年来的三大成果之一。

二、基层群众自治制度的内涵

中国的基层群众自治制度主要包括城市社区居民自治组织和管理制度与

农村社区村民自治组织和管理制度。

首先，城市社区居民自治组织和管理制度。我国宪法和《城市居民委员会组织法》都规定，城市按居民居住地区设立的居民委员会是“基层群众性自治组织”。这就表明：（1）居民委员会是群众性组织，它不是国家权力机关，也不是国家的行政机关、司法机关和它们的派出机关。（2）居民委员会是按居民居住地区设立的群众性组织。这里的居住地区是按街、弄或巷来划分的，因此不同于在少数民族聚居地区设立的民族区域自治机关，也不同于按性别、年龄和职业等特点建立的群众组织，如妇联、共青团、工会和文联等。（3）居民委员会是基层群众性组织。它不是全国性的组织，也不是省、市、县、乡一级规模的组织，它只在自己所处的居民区活动。（4）居民委员会是一种自治组织。它遵守国家的法律、法规和政策，接受城市人民政府或其派出机关的指导，遵循民主集中制和群众自愿的原则，采取自力、互助、调解、劝导等一系列具体工作方法，在所管辖的居民区开展那些有利于促进城市基层社会主义民主和社会主义文明建设的工作，使自己成为居民进行自我管理、自我服务、自我教育、自我监督的组织形式。

由居民委员会的性质所决定，一方面，居民委员会对上即对市辖区、不设区的市人民政府及其派出机关而言，不是它们的下级机关，因而它们不能向居民委员会下达指令，它们的工作机关也不能向居民委员会硬性摊派任务。当然，这并不是说居民委员会不应该协助它们办理那些可以办到的事情。由于多年来历史发展的结果，居民委员会实际上还承担着一定的行政组织职能。另一方面，居民委员会对居民而言，不是国家的权力机关、行政机关和司法机关，它的一切决议，对居民不具有法律效力。但是，作为一个居民，无论担任什么职务，从事什么职业，应当遵守居民委员会的有关决议，积极参加居民委员会组织的各项公益事业和社区服务活动，在居民委员会这一自治组织中履行自己应尽的义务。

居民委员会的任务是：（1）宣传宪法、法律、法规和国家的政策，维护居民的合法权益，教育居民履行依法应尽的义务，爱护公共财产，开展多种形式的社会主义精神文明建设活动；（2）办理本居住地区居民的公共事务和公益事业；（3）调解民间纠纷；（4）协助维护社会治安；（5）协助人民政府或者它的派出机关做好与居民利益有关的公共卫生、计划生育、优抚救济、青少年教育等项工作；（6）向人民政府或者它的派出机关反映居民的意见、要求和提出建议。居民委员会应当开展便民利民的社区服务活动，可以兴办有关的服务事业；监督执行由居委会讨论制定的居民公约；对依照法律剥夺政治权利的人（编入居民小组）进行监督和教育。

作为城市基层群众性自治组织的居民委员会，在促进我国城市基层社会主义民主和城市社会主义文明建设的发展等方面做了大量工作，起到了重要作用：

一是采取多种形式，组织居民进行自我教育。居民居住区是不同年龄、不同职业、不同思想文化程度的人们共同生活的地方，在这里创造具有良好的生活和学习环境，形成遵守宪法、法律、法规和国家政策，认真履行依法应尽的义务，爱护公共财产的社会风气，起着重要的作用。中国城镇居民委员会历来重视这方面工作，并取得了许多成绩，甚至赢得了国际友人的称赞。它们通过制订居民公约，“五好家庭”“五好门栋”（“五好”即学习工作好、教育后代好、团结互助好、勤俭持家好、安全卫生好）和“模范夫妻”“模范婆媳”的评选等，在居民中进行“五讲四美三热爱”（即讲文明、讲礼貌、讲卫生、讲秩序、讲道德；心灵美、语言美、行为美、环境美；热爱祖国、热爱社会主义、热爱中国共产党）的宣传教育。它们有针对性地开设讲座、举办黑板报或宣传栏，在居民中进行保护妇女儿童合法权益、计划生育、预防犯罪等文明和法制教育。它们兴建文化活动室、组织退休职工和青少年参加读书看报、打球下棋等多种文化体育活动，努力引导居民建立适应现代化生产力发展和进步要求的文明的、健康的、科学的生活方式。

二是办理本地的公共事务和公益事业，组织居民开展自我服务。居民委员会的辖区是居民聚居的一定空间，在这个空间里，衣食住行是否方便，环境是否清洁优美，直接关系到市容和人们的身体健康。中国的居民委员会一贯重视街道里弄的环境卫生，把开展群众性的爱国卫生运动作为自己的一项经常性的工作，普遍建立了一套行之有效的卫生值日、检查和评比制度，为美化城市环境作出了贡献。同时，它不时调动居民中可以调动的人力、物力和财力，修建厕所，装修自来水道，铺修小街小巷的路面，修缮住房，兴办饮食店、小商店、修理店、理发店、缝纫店、洗衣店等便民利民的有关社区服务事业。居民委员会这样做，一方面协助政府补充了市政建设的暂时不足，解决了居民日常生活中出现的部分困难，创造了方便生活的条件，另一方面也为退休职工发挥余热和待业青年就业扩大了门路，可谓一举两得。中国城镇居民的自我服务工作，不仅在办理本地区的公共事务和公益事业方面展开，还体现于热诚关心本住区的孤老病残、烈属军属和妇女儿童。居民委员会成员协助政府民政部门，经常上门看望孤老病残和烈属军属，问寒问暖，组织专人上门服务，买米买煤，补衣缝被。居民委员会还协助政府有关部门做好计划生育工作、妇幼保健工作和社会救济工作等。

三是调解民间纠纷，协助维护社会治安，组织居民进行自我管理。城市居民区是一个小型社会，在这个小型社会里，治安状况如何，邻里之间和家庭成员之间的关系处理得如何，就是说是否有一个良好的社会生活秩序，对居民能否身心愉快、全力以赴地参加社会主义建设影响极大。在这方面，居民委员会作了很多的工作，而最主要的，就是积极调解民间纠纷，协助政府有关部门维护社会治安。在城镇居民的日常生活当中，由于人们思想觉悟程度不同，道德修养水平不一，以及其他种种原因，不可避免地会在家庭成员之间和邻里之间发生一些矛盾，在婚姻家庭方面，即在恋爱、婚姻、家务、赡养、扶养等问题的处理上，在财产权益方面，即在继承、债务、赔偿、房屋等问题的处理上，产生一些纠纷。产生于公民之间、邻里之间的影响不大，不涉及国家机关、企事业单位、外国人的这些民间纠纷，都属人民内部矛盾。它们看起来细小、琐碎，但如不及时调解或处理不当，不仅会使当事人关系紧张，相互对立，影响生产和生活，而且有可能使矛盾激化，违反治安管理条例或触犯刑律。为了减少矛盾激化的可能，居民委员会下设的人民调解委员会，在深入调查研究，倾听双方当事人意见并取得他们同意的基础上，遵照宪法、法律和有关政策，采取说理疏导的方式，对上述各种民间纠纷进行及时合理的调解。居民委员会主持的人民调解工作，实际上是一种居民有组织地解决自己内部民间纠纷的自我管理活动。这种活动遵循自愿原则，由当事人自觉履行，不具有法律上的强制性，同时，调解也不是起诉的必经程序，当事人不愿调解或调解未成时，可以向人民法院起诉，人民调解委员会不得加以阻止。在实践当中，通过人民调解委员会深入细致、公平合理的调解工作，许多纠纷都及时地消除了，因而使当事人免除了精神负担，避免了不必要的讼累。人民群众称赞人民调解委员会的好处在于：“不花钱，不误工，又不伤感情。”

四是进行自我监督。为了在城市居民区建立起良好的社会生活秩序，仅仅依靠人民调解委员会的调解工作还是不够的。事实上，在中国城镇时而发生的侵占、打架、伤害等违反社会治安的行为，已经超出了调解的范围。及时劝阻和制止这类行为，是居民委员会下设的治安保卫委员会的一项重要工作。为了协助公安机关维护城市社会治安，治安保卫委员会在这方面做了许多公安机关不易做到的工作。它发动居民，采取具体措施，在居民区防盗、防火和防治灾害事故；它报告犯罪活动，协助公安机关保护作案现场和侦破案件，以及对依照法律被剥夺政治权利的居住在本地区的人进行监督和教育；它会同派出所、单位、学校和家长，对失足青少年开展帮教活动；它组织居民参加联防值勤，维持居民区内的交通秩序和检查门栋的安全；等等。治安保卫委员会，为维护城市正常的生产、工作、生活和社会秩序，作出了重要贡献。

五是向人民政府或其派出机关反映居民的意见、要求和建议。宪法规定，一切国家机关和国家工作人员都必须倾听人民的意见和建议，接受人民的监督。城市人民政府工作开展得好坏，居民在日常生活中都可以觉察到，居委会能够经常了解到居民的意见和要求以及对政府的批评和建议。居民委员会将这些意见、要求、批评和建议反映给人民政府，就可以帮助人民政府改进工作，密切和居民的联系。

总之，居民委员会作为中国城镇基层群众性自治组织，在组织居民开展自我教育、自我服务、自我管理和自我监督方面，在密切城市人民政府和居民的联系方面，起到了别的组织所不能起到的作用。

其次，农村社区村民自治组织和管理制度。《村民委员会组织法》规定："村民委员会是村民自我管理、自我教育、自我服务的基层群众性自治组织。"这一规定表明：（1）村民委员会不同于政权组织。它不是国家的一级政权，也不是基层政权的派出机构，而是我国农村村民组成的群众性自治组织。它的自治权力直接来源于本村的村民会议，它的决议、决定虽然也具有一定的约束力，但不像政权组织所贯彻的路线方针政策那样具有强制性，而主要是通过群众的自觉接受和认同来实现。（2）村民委员会不同于经济组织。它既不同于过去的合作社和人民公社组织，也有别于目前一些地方存在的村合作经济组织，村民委员会与村级合作经济组织的关系是领导与被领导的关系，它虽然具有管理本村经济的职能，但本身不是经济组织。（3）村民委员会也不同于工会、共青团、妇联等社会群团组织。它是由居住在本村范围内的全体村民组成的，而工、青、妇等组织则是按职业、性别或年龄来组成的；它管理本村范围内的各项事务，而工、青、妇等组织的职能则比较单一；它是依照宪法及有关法律的规定实行村民自治的群众性组织，而不像工、青、妇等组织那样，上下自成体系并有其垂直的工作系统。

根据《村民委员会组织法》的规定，村民委员会的主要任务是：（1）办理本村的公共事务和公益事业；（2）调解民间纠纷；（3）协助维护社会治安；（4）向人民政府反映村民的意见、要求和提出建议。村民委员会应当支持和组织村民发展生产、供销、信用、消费等各种形式的合作经济，承担本村生产的服务和协调工作，促进农村生产建设和社会主义市场经济的发展。村民委员会还应当尊重集体经济组织依法规定独立进行经济活动的自主权，维护集体经济组织和村民、承包经营户、联户或者合伙的合法的财产权和其他合法的权利和利益。

村民委员会依照法律规定，管理本村属于村农民集体所有的土地和其他财产，教育村民合理利用自然资源，保护和改善生态环境。村民委员会还应当宣传宪法、法律、法规和国家的政策，教育和推动村民合理依法履行应尽的义务，爱护公共财产，维护村民的合法权利和利益，促进村和村之间的团结、互助。

村民委员会在自己的职责范围内，在协助政权机关管理农村基层社会生活方面做了大量的工作，充分显示了自己的生命力和在我国农村基层社会治理中的作用。

一是组织制定和负责执行村规民约。我国农村每个村庄的住户和人口尽管多少不一，但它是一个社区。作为一个社区，为了兴办公共和公益事业，组织正常的社会生活，正确处理村内村外的各种关系，就必须有一个反映村民意志，代表村民利益并为村民所共同遵守的社会规范和行为准则。组织全体村民讨论制定村规民约，并代表全体村民负责村规民约的执行，是村民委员会的一大任务。各地制定的村规民约，虽然形式不同，但在内容上都是依据国家政策法律，对村民在本村的公共事务、公益事业和公共道德方面的权利和义务，对正确处理国家、集体和个人利益以及调节村民相互关系的准则等，作出切实可行的具体规定。村规民约经村民大会讨论通过后，由村民委员会负责执行。村民委员会对遵守或破坏村规民约的行为分别给予奖励和惩罚。村规民约在我国农村的普遍制定和实施，对于国家政策法律在农村的贯彻落实，对于村民委员会有效地开展各项工作，对于在农村形成社会主义道德风尚以及建立社会主义的民主制度和民主生活，已经起到了重要作用。

二是组织办理本村的公共事务和公益事业。我国农村实行联产承包责任制以后，在解决村民某些生产和生活中的共同性问题，办理事关村民切身利益的公共事务和公益事业方面，出现了许多新的情况，向农村基层政权机关提出了新的要求。诸如修建校舍、修建道路、兴建小型水利灌溉设施、连接输电线路、兴建和维修生活用水设施、建立业余文化娱乐体育团体和开展业余文娱体育活动、创造村民学习科学文化和休息娱乐的条件、照顾孤老病残和烈属军属等，目前都不是政府所能包揽下来的。而村民委员会作为一个群众性自治组织，可以在村民的同意和支持下，组织村民中的一定的人力和财力，按照尽量节约、共同受益、适当照顾的原则，及时地办理这些公共事务和公益事业。村民委员会在组织村民办理公共事务和公益事业的过程中，必须注意教育村民坚持集体主义，克服个人主义，发扬我国人民团结互助、扶危济困的传统美德，努力建立和发展体现社会主义精神文明的新型社会关系。

三是调解民间纠纷，协助乡人民政府维护社会治安。在我国农村，仍然存在着大量的人民内部矛盾。作为这种矛盾表现形式的民间纠纷经常发生，社会治安状况容易遭到破坏。尤其是农村民间纠纷的发生率比城镇还要高一些，这是由于农村村民比起城镇居民文化程度较低、受宗法观念等封建遗毒影响较大、在经济利益上发生矛盾的场合较多等主客观原因造成的。处理民间纠纷，维护社会治安，巩固安定团结的局面，当然是农村各级政府的职责。但是村民委员会在这方面起着特殊的重要的作用，能够做许多由它来做会做得更好的事。村民委员会下设的调解委员会，是由群众选举出来担任民间纠纷的调解工作的。调解委员会成员一般在村民中享有一定的威信，又由于长期生活在村民中间，熟悉情况，能够详尽地了解到在村民家庭内部、村民之间发生纠纷的原因和问题的症结，及时地对纠纷的双方进行开导和劝阻，防患于未然。许多农村地方在生产用水、竹木园林、宅基坟地、婚丧嫁娶、姑嫂婆媳等问题上发生的纠纷，都是由调解委员公平合理地调解的，起到别的组织无法替代的作用。为了巩固和发展农村安定团结的局面，一个更为重要的方面就是要保证有一个良好的社会治安状况。协助国家机关维护本村的社会治安，这是村民委员会下设的治安保卫委员会的任务。治安保卫委员会在国家公安机关的领导下，根据本地的实际情况，大力宣传国家政策法律，抓防盗、防火、防治安事故，抓综合治理，抓失足青年的教育，等等。近几年来，有些地方在打击赌博和封建迷信活动、制止打架斗殴、保证行路安全、维护公共娱乐场所的秩序、促进社会治安和社会风气的根本好转方面做了大量的工作，取得了许多成就。一些以前“大错不犯，小错不断，法院难管，公安难办”的人，在治安保卫委员会这一群众自治组织的威力面前，浪子回头，改邪归正了。

四是协助人民政府搞好本村的行政工作和生产建设。乡政府和村民委员会之间虽然不存在行政上的领导与被领导的关系，乡政府不能向村民委员会直接下达行政命令，但是并不是说行政工作只是乡政府的事，村民委员会可以不闻不问。实际上，一乡之大，行政工作千头万绪，乡政府如果不依靠村民委员会，不得到后者的协助是很难把各项工作做好的。在行政工作和生产建设中，除了前述治安保卫工作外，还有计划生育、文化教育、优抚救济、粮食征购派购及其他工作，也都需要村民委员会的协助才能完成。

三、改革和完善基层群众自治制度

第一，要正确处理好居民委员会、村民委员会同党组织的关系。从居民委员会、村民委员会与基层党支部的关系来看，居民委员会、村民委员会要积极主动地接受所在党支部的思想政治领导，经常听取党支部的意见，在决定重大问题之前，应向党支部征求意见，以提高政策水平，取得支持和帮助。基层党支部应当坚持自己的政治核心地位，向居民委员会、村民委员会宣传党的路线方针政策，定期讨论他们工作中的重大事项，支持和帮助他们按照法律独立负责地开展活动，充分发挥他们的自治作用。

为此，必须防止党组织包办或指使基层群众自治组织工作的情况。社区自治组织产生于社会、服务于社会，是属于社会的、基层群众的自治组织，而不是党的下级组织。在社区内，社区的最高权力机构是由居民或村民以及他们的代表产生的居民或村民会议，居民委员会或村民委员会是居民或村民会议的执行机构。社区自治组织的职责主要是办理本居住地区的公共事务和公益事业，调解民间纠纷，协助维护社会治安，并且向人民政府反映群众的意见、要求和提出建议。社区自治组织既有政治属性,即是一个维护居民利益、民主管理居民公共事务和组织本社区公益事业、具有政治民主属性的居民组织,又是一个具有社会属性的居民组织,它必须以维护和增进居民的社会福利、社会保障、社区治安、优抚救济等方面的社会权益和能力为己任。作为执政党的各级组织应充分尊重基层群众自治组织的地位和作用。

第二，要正确处理好居民委员会、村民委员会同政权组织的关系。根据《城市居民委员会组织法》的规定，城市居民委员会为群众自治组织，市基层人民政府同居民委员会不是领导关系，而是指导关系。所谓指导，就是对居民委员会的工作进行指点,对其工作提出原则性的意见,把握好大的方向问题，而不是对日常事务进行干预。这种指导作用，主要是通过宣传、教育、督促、检查的方式和途径实现的。对于城市居民委员会来说，在开展自治活动时要注意防止片面强调自治而忽视基层政府或其派出机关对其指导的倾向。我们所说的自治，是指在基层政府或其派出机关指导下的，以居民群众为主体的自治；是建立在坚持四项基本原则和遵守宪法、法律、法规和国家政策基础上的自治。离开了上述指导原则，居民委员会的工作和群众自治就会偏离正确的方向。对于城市基层人民政府来说，应当把居民委员会的工作摆在应有的位置，加强政策指导和协调。特别是街道办事处，对居民委员会负有直接指导的职责，更应把居民委员会的工作作为重点来抓，切实解决居民委员会工作中的困难，保障居民委员会的工作顺利开展。同时，要尊重居民委员会的自治地位，支持居民委员会独立地开展工作。

从原则上讲，乡镇人民政府同村民委员会的关系，也是指导和被指导的关系。《村民委员会组织法》规定："乡、民族乡、镇的人民政府对村民委员会的工作给予指导、支持和帮助。村民委员会协助乡、民族乡、镇的人民政府开展工作。"就村民委员会来说，一方面要积极主动地争得乡镇人民政府的指导、支持和帮助，另一方面又要积极主动地协助乡镇人民政府开展工作，完成各项任务。应当明确，村民自治绝不意味着村民委员会对乡镇人民政府所贯彻的方针政策可执行可不执行，对乡镇人民政府依照法律、法规及有关政策所布置的任务可完成可不完成。对上述方针政策和有关工作任务，村民委员会是必须遵守和执行的。就乡镇人民政府来说，对村民委员会的工作要给予指导、支持和帮助。具体来讲，对村民委员会依法所开展的各项工作，诸如举办公共和公益事业、维护社会治安、调解民间纠纷、建立和完善生产和生活的社会化服务，以及在宣传宪法、法律、法规和国家方针政策、执行村规民约等方面，乡镇人民政府都要尽可能地给予指导、支持和帮助。当前，有些乡镇人民政府向村民委员会交办应由乡镇人民政府有关工作部门直接完成的任务，不适当地要求村民委员会向村民征工募款，造成村民经济负担过重，会无形当中把村民委员会变成实际上的基层政权的派出机构，从而动摇它作为基层群众性自治组织的地位。这种状况亟待改变。

第三，社区自治组织有责任、有权利监督和评估政府及其派出机关在社区建设、社区发展和社区管理上的工作状况。政府工作绩效如何，只能是以它所服务的对象即居民的意见作为检验标准。也就是说，政府工作态度、作风、方式、成效的好坏应由居民来监督和评价。加强社区自治组织对政府及其派出机关工作状况的监督与评估，既是社区居民自治的必然要求，也是政府密切同居民群众的联系、提高社区建设和社区管理水平的必要环节和重要渠道之一。实行"下考上""民考官"，对政府职能部门及其工作人员进行评议、考核和监督，才能有效落实居民的民主权利，促进政府职能部门工作作风的改进和工作效率的提高。

第四，完善社区参与机制和强化自主意识。社区参与是指社区的居民或村民自愿参加社区公共事务的管理、决策、监督和运作的过程。社区居民或村民是社区参与的当然主体。伴随着社区自治的推进，基层群众的参与程度不断提高。但是，总的来说，我国社区居民或村民的社区参与还不适应社区自治的客观需要：一是就参与意识而言，相当多的居民或村民的社区参与意识还比较淡薄。他们虽然生活在社区，但却没有意识到自己属于社区自治的主体，没有意识到自己也应该对本社区建设尽一份责任和义务，甚至错误认为，社区治理完全是政府行为。二是就居民或村民参与的内容而言，主要局限于出席居民或村民会议、文体健身等一般性的社区活动，参与还很不深入、很不广泛。要改变这种状况，需要采取下述几方面措施：

一是坚持社区需求本位原则，注重用共同需求、共同利益来调动居民或村民参与的积极性。所谓坚持社区需求本位原则，就是从本社区的客观实际出发，把解决各类社区成员尤其是大多数居民群众的实际需要放在首位，把解决群众普遍关心的热点、难点问题作为社区自治工作的重点。当社区自治组织开展的工作与居民或村民的切身利益息息相关时，居民或村民的生活重心自然就会转向社区。因此，应当强化居民或村民与社区之间的利益关系，使居民或村民在利益关系的基础上产生参与社区事务的愿望。如果社区自治组织能够满足绝大多数群众的共同愿望和共同利益需求，那么就能调动群众广泛参与社区事务的积极性和持续性。

二是坚持先进性与广泛性相结合的原则，力求使每个参与者都能找到自己的位置。社区自治活动，尤其是其中的志愿服务活动，无疑具有突出的先进性，但要使这种先进行为发展成居民群众自觉参与的行动，就必须从社区群众的实际承受能力出发，做到尽力而为与量力而行相结合，无偿服务与低偿服务、有偿服务相结合。既提倡无私奉献精神，又肯定和支持兼顾个人合理利益的参与行为，不使参与社区自治活动成为居民或村民的沉重负担。同时提倡从身边小事做起，力所能及，积少成多，并且注意发挥每个居民或村民的特长，使他们在参与中获得乐趣，实现自身的价值。

三是切实开展“民评官”活动。“民评官”活动是在基层社会培育民主、调动社区群众参与积极性的一种积极而稳妥的形式。它一方面可以有利于在基层社会渐进地培养民主习惯；另一方面又能充分调动社区群众的政治参与意识和积极性，打造政治民主化的基础。“民评官”活动的制度化开展将民主引入社区群众的日常社会生活中，使民主由一种远离社区群众的陌生理念转变为基层社会普遍遵守的运行规则，可以为训练基层群众的民主素质和能力、奠定民主制度的社会基础提供制度化、经常化的实践。这样，当社区群众掌握了运用民主程序和自治组织载体表达意愿、反映要求并能实现自己的利益需求，民主就将成为人们的一种习惯、一种生活方式。

四是建立和完善参与机制。从长远来看，要使居民或村民参与不断持续发展，就必须将其推向规范化、制度化阶段。这就意味着除了上述几方面工作以外，还要依据有关法规、政策，通过民主程序和法定程序制定相应的规章制度，形成一整套参与机制。其中包括激励机制和责任机制等等。比如，可以在一些城市和城区试行“群众参与社区活动制度”，规定有参与能力的居民或村民每年应为社区义务贡献若干时间，并制定相应的考核、奖惩及替代办法，以推动群众参与向制度化发展。只有社区参与制度化，才能使社区自治日益符合市场经济体制和发展民主政治的需要。

五是推动“四个民主”制度化。“四个民主”，即民主选举、民主决策、民主管理、民主监督，它们既是保障基层群众自治权利的规则和程序，也是保障社区自治切实有效的运行机制。制度化意味着这个运行机制能够稳定而定期地进行，不以某些人的意愿改变而改变。（1）建立一套行之有效的运行机制。这一机制至少应该包括三个要素：正式制度、非正式制度和激励机制。正式制度包括“四个民主”的运行程序、制度规范等内容，具体体现为法律法规。法律是社区管理现代化的根本保障，社区建设运行秩序的调整和稳定都必须以法律为依据和后盾。针对我国社区建设的法制还不完善的现实，当前应抓紧制定在社区民主自治等方面的关键性法规，努力形成高效配套、完整严密的社区建设法规体系。用法律保障和规范社区居民自治活动，实现有序的政治参与，使“四个民主”在实践操作中做到有法可依、执法必严、违法必究。非正式制度包括公民民主意识的培育，政治文化氛围的培育，公开、公正、公平竞争的政治游戏规则的形成等。激励机制包括奖励和惩罚两个方面。既要对严格执行制度的当事主体进行奖励，也要惩罚违规行为，这样才能为制度的长久实施提供保障。（2）扩大直接选举的范围。从民主化水平而言，直接选举比间接选举的民主化水平更高。随着经济的发展、公民文化水平的提高以及现代传播技术的普及，扩大直接选举的条件日趋成熟，可以将直接选举的范围由社区自治组织扩大到乡镇、街道和区县一级。这样能够更好地保证基层政府依法行政，更加谨慎地处理好基层政府与社区自治组织的关系。（3）加强监督，让基层群众在“四个民主”的周期化参与中形成一套政治习惯。为了保证“四个民主”在社区自治中成为群众经常性的活动，必须创造良好的生态环境，防止一些人拿“四个民主”做表面文章，各级地方人大要不断深入调查了解整个社区自治活动的开展情况，对工作中的问题，要及时督促相关单位和部门采取措施予以解决。通过地方人大的监督功能的发挥，使诸如选举、评议、居民或村民代表大会等各种政治参与形式周期性开展，以吸引广大群众参与，并在参与中训练居民或村民的参与意识，通过居民或村民来保障制度化参与的效果。

第十二章

深化改革是国家治理之策

当代中国，仍处在改革的时代，继续行走在改革的大路上。作为国家上层建筑的国家治理体制机制，为了适应经济和社会的发展，适应治理的需要，必须进行全面深化改革。中国自 1978 年实行改革以来,已经取得了巨大成效。党的十八大后，以习近平同志为总书记的党中央更加重视改革问题。2013 年召开党的十八届三中全会,集中研究全面深化改革问题。全会审议通过了《中共中央关于全面深化改革若干重大问题的决定》,启动了体制改革的新窗口期，构成了全面深化改革的新发展。

一、全面深化改革的路向

中国改革的首要问题，是坚持正确路向的问题，全面深化改革必须坚持中国特色社会主义，走适合自己国情的发展道路。

路向问题，是一个根本性的政治问题。一个国家对自己的体制怎么改革，没有也不可能遵循一种放之四海而皆准的标准模式。要走什么样的发展道路，必须与这个国家的国情和性质相适应。对于中国这样一个有着 13 亿多人口、56 个民族的发展中大国来说，西方国家的经验固然值得借鉴，但必须始终坚持自己的道路。首先是正确的政治发展道路，党的十八大报告指出，我们已经“成功开辟和坚持了中国特色社会主义政治发展道路”。这条道路是当代中国全面深化改革能够顺利进行的根本保障。在当代中国政治发展道路问题上，我们必须清醒地认识到，无论是过去苏联传统社会主义的老路，还是现在西方国家资本主义的邪路，我们都不能走。我们既不能走老路，更不能走邪路。“走自己的路，让别人说去吧！”中国的全面深化改革，只能探索适合自身国情的中国特色社会主义发展道路，坚持自己的路向，就是走一条我们自己独立开创的路，一条新路和正路。

全面深化改革的正确路向，就是坚持走中国特色社会主义政治发展道路。那么，什么是“中国特色社会主义政治发展道路”呢？它的含义是，从中国的基本国情出发，坚持共产党的领导、人民当家作主和依法治国的有机统一，坚持和完善人民代表大会制度、中国共产党领导的多党合作和政治协商制度、民族区域自治制度以及基层群众自治制度，不断通过政治体制改革，使社会主义民主政治和法制建设不断发展、完善，使人民群众当家作主的权利不断充实、扩大，不断推进社会主义政治制度的自我完善和发展。我们所主张和坚持的中国特色社会主义政治发展，也是人类社会政治发展中的一个重要部分，我们并不拒绝、排斥人类政治文明，对于世界各国的一切政治改革和发展的有益成果和经验，都要学习借鉴，以利于实现社会的全面进步和人的解放。但是，我们绝不照搬西方政治制度模式，不搞多党制和轮流执政，不搞“三权鼎立”和两院制。

中国是在1956年从半殖民地半封建社会经过新民主主义革命和社会主义革命直接进入社会主义社会的，经济文化比较落后的现实从根本上决定了中国的社会主义目前还只是处在初级阶段。中国共产党科学地分析了中国的基本国情，从总体上指出，“社会主义初级阶段，是逐步摆脱不发达状态，基本实现社会主义现代化的历史阶段”[1]。社会主义初级阶段经过一百年的发展，大约在21世纪中叶，中国将成为比较发达的、现代化的国家，然后进入社会主义的中、高级阶段。与社会主义初级阶段的两个发展层次相适应，中国的

[1]《中国共产党第十五次全国代表大会文件汇编》，人民出版社1997年版，第16页。

全面深化改革将经历全面建成小康社会到实现中华民族伟大复兴的发展进程。在上述的发展进程中，中国的全面深化改革总体上具有以下三个基本特性：

首先，革命性。中国共产党领导的推翻三座大山的新民主主义革命斗争，用人民民主专政的民主政权，代替封建资产阶级的专制政权，体现了政治发展的革命性。在社会主义时期，中国共产党致力于开拓中国特色社会主义的发展道路，实行改革开放，对原有的传统社会主义体制进行全面改革，其性质同样也是革命的。因为这样的体制改革，针对的是传统社会主义模式中计划经济、封闭僵化、集权专断的根本弊端，实行从计划经济到市场经济，从专制到民主的转变。在这样的改革中，如同革命一样，它不是对传统体制作细枝末节的修补，而是要冲破传统体制的束缚，进行根本的变动，形成崭新的中国特色社会主义的体制机制。

其次，渐进性。如果说社会革命所表现出的只能是激烈的、急风暴雨的群众性斗争形式的话，那么社会改革则可以表现为两种形式，即激进的方式和渐进的方式。从20世纪50年代起，世界上的社会主义国家就纷纷开始改革，在70年代末至90年代初期达到高潮，成为社会主义继续向前发展的必由之路。但在改革中选择什么样的方式至关重要。中国的改革，采取的是渐进的方式，即采取从点到面，从局部到整体，从表面到深层，从农村到城市，从经济到政治，从单项改革转向整体改革的渐变性推进方式，保持了社会的平稳，取得了显著的成效。渐进式的改革，不搞急功近利，不要求毕其功于一役，主张"胆子要大、步子要稳，战略上要勇于进取，战术上则要稳扎稳打"[1]。习近平说："胆子要大，就是改革再难也要向前推进，敢于担当，敢于啃硬骨头，敢于涉险滩。步子要稳，就是方向一定要准，行驶一定要稳，尤其是不能犯颠覆性错误。"[2]因而渐进式的改革表现为持久性、长期性、稳定性。而在苏联，采取的是"休克疗法"的激进方式，实施冒失的"500天计划"，使改革成为改向，否定社

[1] 中共中央宣传部：《习近平总书记系列重要讲话读本》，人民出版社2014年版，第52页。

[2] 《习近平谈治国理政》，外文出版社2014年版，第101页。

会主义道路，否定共产党领导，否定社会主义制度，造成了剧烈的社会动荡，导致苏共垮台，国家解体，综合国力下降，人民生活水平普遍降低，从而使改革归于失败。

最后，主体性。在中国全面深化改革的过程中，人的全面发展始终构成其主要内容。人作为社会活动的主体，包含两个方面的基本内涵：一是人构成社会发展的动力，社会的一切文明进步都有赖于人的创造，离开了人，就一切无从谈起；二是人构成社会发展的目的，社会的发展归根到底是为了人的发展，离开了人的发展，一切也就显得毫无意义。人的发展，在马克思主义看来，就是人从被支配和被压迫的状况走向新的自由人联合体的过程，人的主体性的彰显和实现人的解放的目的，是社会主义和共产主义的神圣事业，社会主义和共产主义必须为人的全面而自由的发展而努力奋斗。因此，中国共产党强调马克思主义的基本观点，全面深化改革也以人的全面发展为基础，着眼于人的全面发展，为了人的全面发展。

二、全面深化改革的基本特点

中国的改革始于1978年召开的党的十一届三中全会，到2013年已经走过了35年的历程。35年的改革可以分为三个阶段：第一阶段是解放思想，发动改革，从20世纪70年代末到80年代初，通过思想解放，很快就把改革发动起来了。第二阶段是经济与政治方面的改革，从80年代中期到90年代末，主要是经济体制改革，先从农村改革起，然后进入城市，逐步建立了社会主义市场经济体制。与经济体制改革相适应，这一阶段的政治体制改革也有所进展，但遭遇了曲折。第三阶段是以江泽民为核心的党的第三代中央领导集体和以胡锦涛为总书记的党中央，坚持改革，排除改革的阻力，把改革推向了新的世纪，写下了改革新篇章。

如果说党的十一届三中全会开始的改革是一个周期，它使1978年成为中国“改革元年”的话，那么，党的十八届三中全会开始的是又一个新周期，它使2014年成为“全面深化改革元年”。全面深化改革是民众的期盼、社会的需求,更是执政党的使命,领导人的职责。中国的改革是一个长过程的改革,需要持续提供动力,这犹如发射卫星。发射卫星不止需要一次点火,当运载火箭从地面垂直起飞,飞出大气层达到预定速度时,火箭会熄火,推力等于零,这时只能靠已有能量的作用惯性滑行,一直飞到与卫星轨道相切的位置时,火箭必须再一次点火,提供新的推动力,才能使卫星最后入轨。改革也是如此,在第一个周期完结后,需要给新的周期注入新的动力,全面深化改革就是给改革注入新的动力。“惟改革者进,惟创新者强,惟改革创新者胜”[1],否则,改革终将半途而废。

把党的十八届三中全会和党的十一届三中全会做一个比较,会发现它们有两个共同点。一是相互辉映,互相媲美。两次全会有都有一个坚强的领导集体,都遇到了重大急需解决的问题,都善于抓住时机迎难而上。历史性机遇千载难逢,两次全会都抓住了,都赢得了战略主动。二是功勋卓著、名垂青史。党的十一届三中全会实现了中国共产党关于马克思主义中国化的第二次飞跃,结束了苏联模式,开创了中国特色社会主义新时代,开启了改革的大门并持续进行了35年改革。党的十八届三中全会站在新的历史起点上展开全面深化改革,为的是全面建成小康社会,进而建成富强民主文明和谐的社会主义现代化国家,实现民族复兴的中国梦,这就到了新中国成立一百年的2049年。算一下,恰好又是一个35年,又一个关键的35年。这样的两次全会、两个35年,都建立了丰功伟绩。

在看到两次三中全会的共同点时,还要看到党的十八届三中全会对全面深化改革进行了总体部署,吹响了新的进军号,踏向了新征程,作出了创新性的发展。比起当年党的十一届三中全会开启的改革,现在的全面深化改革具有四个基本特点:

[1] 习近平:《谋求持久发展 共筑亚太梦想——在亚太经合组织工商领导人峰会开幕式上的演讲》,《人民日报》2014年11月10日。

一是从比较单一到全面综合。当年的改革比较单一，如农村改革、城市改革、企业改革、价格改革、金融改革，都是单项的、单兵突进式的。现在的改革则走向了全面综合,不是一个两个领域,而是要延伸到经济、政治、社会、文化、生态、党的建设诸多领域。

二是从相对容易到艰巨复杂。所谓当年的改革相对容易,就是着眼于眼前,只解决某一领域的某一方面的改革，先解决外围周边的一些问题，而没有进入核心地带。现在的改革则显得艰巨复杂，就是全面深化改革的推进必须体现长期性、稳定性和全局性,不能头痛医头、脚痛医脚,就事论事地去解决问题。全面深化改革要抓住突出问题，势必“牵一发而动全身”，必须纵览全局、放眼未来。使改革收到长远之效、整体之效。

三是从浮在表层到攻坚深化。当年的改革是从易到难，好改的先改，不好改的先放一放，解决的问题显得表层化些。到了现在，好改的改完了，剩下的都是不好改的。正如习近平说的,“中国改革经过 30 多年,已进入深水区,可以说，容易的、皆大欢喜的改革已经完成了，好吃的肉都吃掉了，剩下的都是难啃的硬骨头”[1]。在“深水区”和“啃硬骨头”条件下展开的全面深化改革,必然触动一些部门利益,触动一些人的“奶酪”,需要多方面配合、多措施并举。要敢于涉险滩，敢于啃硬骨头，敢于突破利益固化的藩篱，敢于向积存多年的顽瘴痼疾开刀。矛盾越大，问题越多，越要攻坚克难、勇往直前。必须一鼓作气、坚定不移，必须坚定信心、增强勇气，打好全面深化改革这场攻坚战，推动改革向深层次发展。

四是从摸着石头到顶层设计。当年改革的策略如邓小平所说，是“摸着石头过河”。现在全面深化改革的策略，则要随着改革更加的艰巨复杂和进入深水区作出重大的调整。党的十八届三中全会《决定》指出：“加强顶层设计和摸着石头过河相结合，整体推进和重点突破相促进。”显而易见，现在的改革策略已和过去有了明显区别，过去是把“摸着石头过河”摆在首位，现在

[1] 《习近平谈治国理政》，外文出版社 2014 年版，第 101 页。

要把“加强顶层设计”摆在首位。习近平指出：“同过去相比，中国改革的广度和深度都大大拓展了，要把改革推向前进，必须加强顶层设计。”[1]虽然现在的全面深化改革并没有放弃“摸石头”，但一定要以“顶层设计”作为主要的考量。“加强顶层设计”和“摸着石头过河”是辩证统一的，可以把二者结合起来，我们也没有否定“摸石头”，但确实应该以“顶层设计”为重点，在顶层设计的统领下，推动整体推进和重点突破相促进。

“顶层设计”（Top-Down Design），是源于自然科学或大型工程技术领域的一种设计理念。它是针对某一具体的设计对象，运用系统论的方式，站在最高处上俯瞰全景，采取了自高端开始的总体构想和战略设计，注重规划设计与实际需求的紧密结合。所以，“顶层设计”实际上就是“从高处着眼的自上而下的层层设计”。“顶层设计”首先强调整体主义战略。在根据任务需求确定核心或终极目标后，所有的子系统、分任务单元都不折不扣地指向和围绕核心目标，产生预期的整体效应。其次，强调缜密的理性思维。“顶层设计”是自高端开始的“自上而下”的设计，但这种“上”并不是凭空建构，而是源于实践并高于实践，是对实践经验和感性认识的理性提升，并“蓝图”化。最后，强调执行力。“顶层设计”在绘制了“蓝图”以后，要有路线图和时间表的，重在实施执行，“一分部署，九分落实”，体现了精细化管理和全面质量管理战略，注重细节，注重各环节之间的互动与衔接。总体来讲，“顶层设计”就是要有一个协调机制，进行统筹规划，通盘考虑。“顶层设计”是高难度的，正因为这样，我们提倡要和“摸着石头过河”结合起来，体现从宏观到微观的涵盖。

充分认识全面深化改革的特点，还必须深刻把握全面深化改革的基本要求：

——改革的坚定性。概括说就是“绝不停顿倒退”。习近平指出：“改革开放只有进行时没有完成时。”[2]“在整个社会主义现代化进程中，我们都要高

[1]《习近平谈治国理政》，外文出版社2014年版，第100页。

[2]《习近平谈治国理政》，外文出版社2014年版，第69页。

举改革开放的旗帜，决不能有丝毫动摇”，“全党要坚定改革信心，以更大的政治勇气和智慧、更有力的措施和办法推进改革”。改革如果停顿和倒退了，绝对没有出路。在我们的改革进程中，会碰到来自“左”的和右的干扰，改革殊为不易，但我们一定要克服这些干扰，继续坚定地前进。

——改革的目的性。概括说就是“国强民富社安”，就是要让国家更富强更繁荣，让人民更美满，更幸福，让社会也更安定，更团结。我们不能偏离这个方向，如果偏离了这个方向，我们的改革就没有任何意义了。

——改革的创新性。就是要体现“固本求变开新”。党的十八届三中全会《决定》肯定了改革开放以来，我们积累了丰富的实践经验和理论成果，对中国特色社会主义规律的认识不断深化，摸清了经济社会发展的脉搏，总结了成功的经验和原则。我们当然要固守住这些基本的经验、基本的原则。我们的改革也取得了巨大的成就，但是我们也绝不能躺在功劳本上睡大觉而不思进取，我们要继续前进，一定要求变，要开创新局面。

——改革的宽容性。就是要“实验探索试错”。党的十八届三中全会《决定》指出，“要坚持党的群众路线，建立社会参与机制，充分发挥人民群众积极性、主动性、创造性”。“鼓励地方、基层和群众大胆探索，加强重大改革试点工作，及时总结经验，宽容改革失误，加强宣传和舆论引导，为全面深化改革营造良好社会环境。”

——改革的务实性。就是要“亲民实惠践行”。全面深化改革要实在、解渴、管用，要以民生问题为导向，围绕着解决人民群众反映强烈的问题，回应人民群众的呼声和期待，使人民感受到与改革息息相关，大家都有份儿。

三、全面深化改革的领导机构

党的领导，是全面深化改革的核心要素。在进入攻坚期和深水区的全面深化改革新阶段，为了更好地谋划和贯彻改革的重大战略部署，以习近平同志为总书记的党中央作出了一个庄严的决定，“中央成立全面深化改革领导小组”。设立中央全面深化改革领导小组这样的机构，引起了强烈的社会反响，极大地提振了全党同志和全国人民坚持改革的信心，有力地构筑了攻坚克难打硬仗的总指挥部，有利于加强党中央对全面深化改革的集中统一的领导，形成了全面深化改革的坚强领导。

通过设立领导小组的组织形式，部署发动和更有力地完成某一专项任务，这是中国共产党的一种工作方式，长期以来已形成了党的历史传统。进入改革开放新时期后,设立领导小组的做法日趋成熟,逐渐成为党的一种领导方式、执政方式,构成一项经常性的制度化安排。中央全面深化改革领导小组的设立，可以说就是对党的历史传统的很好传承和发扬光大，有利于全面深化改革这项伟大事业的专事专办。

党中央设立领导小组，主要基于两种考量：一是对于涉及长期性、战略性的重大事务的谋划，采取设置常设性的领导小组。例如，1980 年 3 月 17 日成立的中央财经领导小组，是中共中央政治局领导经济工作的议事协调机构，在制订国家经济社会五年发展规划、筹办每年的中央经济工作会议等方面都发挥着重要作用，现已历时 30 多年。二是对于短期性的工作、突发性事件的应对，采取设置阶段性的领导小组。例如，集中于 1998 年至 2000 年开展的“讲学习、讲政治、讲正气”的“三讲”教育活动和 2008 年 9 月开始历时一年半的“深入学习实践科学发展观活动”，中央都成立了相应的领导小组；2008 年 5 月 13 日在汶川地震发生后的第 2 天，中央军委成立了全军抗震救灾领导小组，这样的党务工作活动或突发的紧急事件处置，一般表现为小周期阶段，而当这样的阶段结束后，其领导小组就不再存在。

现在设立的中央全面深化改革领导小组，更多的是出自于长期性、战略性的考虑。全面深化改革是党和国家的一项伟大事业，它将一直持续到在本世纪中叶把我国建设成为富强民主文明和谐的社会主义现代化国家为止。由此可见，中央全面深化改革领导小组是一个常设性机构。在这么长的时期里，中央全面深化改革领导小组将始终肩负着领导全面深化改革的责任和历史使命。

中央全面深化改革领导小组的设立和以往设立的领导小组比较起来，带有很多的特点和优势，更具有自身的鲜明特征。

——领导规格最高。中央全面深化改革领导小组组长是习近平，副组长是李克强、刘云山、张高丽，组长由总书记亲自挂帅，副组长则为三个政治局常委；而在 39 名成员中，更拥有众多的政治局委员和国家重要部委的部长、主任。这样的阵容，为改革开放以来设立的领导小组所仅有。这表明，中央全面深化改革领导小组是承担着直接指挥改革的最高机构，加强了党中央的集中统一领导。

——任务最为艰巨。中央全面深化改革领导小组所承担的任务，虽然说也是专项任务，即是关于改革的专门性任务，但自从改革进入攻坚期和深水区之后，已经不像过去那样只是集中于经济体制改革一个方面，而是包括了经济、政治、社会、文化、生态、党的建设等六大领域的全方位改革。这样的改革任务，实际上是综合性的任务。为此，中央全面深化改革领导小组下设了相应的六个专项小组，以适应全面深化改革在六大领域、诸多方面展开的需要。

——力量最为强大。中央全面深化改革领导小组成立之后，全国各地的省、市、县，甚至有的乡镇，也成立了相应的改革组。目前，31 个省（区、市）已全部成立了全面深化改革领导小组,而且均由党的“一把手”亲任组长，自上而下形成了全面深化改革领导小组系统的强大力量。

——作用最为重要。过去改革主要靠“摸着石头过河、走一步看一步”，现在则主要靠“加强顶层设计、通盘谋划布局”，形成改革的合力。“顶层设计”最重要的就是负责统筹规划、通盘考虑，搞好各领域改革的协调。中央全面深化改革领导小组能否发挥出顶层设计的作用，这是至关重要的。有了顶层设计的作用，才能把握全局、协同配合、整体推进。

党的十八届三中全会的《决定》指出，中央改革组“负责改革总体设计、统筹协调、整体推进、督促落实”。这说明，中央全面深化改革领导小组是一个集议事、决策、协调、督办等多功能于一身的机构。

虽然中央全面深化改革领导小组功能很多，但它和一般的党政机构不同，并不是一个实体性的机构。作为全面深化改革的统领指挥、牵头整合的机构，固然会有很多很多的事务，但它可以借助现有很多实体性的党政机构去完成，用不着自身单独设有很多的科室机构。因而，中央全面深化改革领导小组的组织结构并不复杂，它由领导小组和专项小组、办公室三个部分组成。第一个部分是领导小组，即由组长、副组长和组员组成；第二部分是领导小组下设的六个专项小组，即经济体制和生态文明体制改革、民主法制领域改革、文化体制改革、社会体制改革、党的建设制度改革、纪律检查体制改革六个专项小组，分别由领导小组中的组员担任这六个专项小组的组长、副组长；第三部分是办公室（简称中央改革办），由王沪宁任主任，穆虹、潘盛洲任副主任。按照党的以往的经验做法，办公室一般设在与领导小组事务关系最为密切的机关中，并由该部门的正职和副职出任办公室主任、副主任。中央改革办作为中央全面深化改革领导小组日常运作的、具体的办事机构，现依托于中共中央政策研究室，其中王沪宁就是政策研究室的主任，潘盛洲是政策研究室的副主任。

在 20 世纪 80 年代，当时担纲改革重任的国家经济体制改革委员会（简称体改委）是国务院的组成部门。本来，这次设立的中央全面深化改革领导小组也可以成为一个实体性的机构。但中央没有这么做，中央全面深化改革领导小组作为非实体性的组织机构，除了中央改革办需要少数的专职人员负责日常工作外，它本身是没有人员编制的，都是兼职的。因此，中央全面深化改革领导小组的成立，贯彻执行了机构精简的原则，更没有与现有的中央实体性机构发生任何重叠。

中央全面深化改革领导小组成立后不久，就制定了《中央全面深化改革领导小组工作规则》《中央全面深化改革领导小组专项小组工作规则》《中央全面深化改革领导小组办公室工作细则》。中央全面深化改革领导小组三个部分的各项工作计划、任务安排，就是要按照这三个工作规定，有序有效地运转起来。

从领导小组的工作规定来看，首先是遵循政治原则性，必须遵守党的十八大和十八届三中全会作出的各项决定、规定，要把党的十八大和十八届三中全会作出的各项部署作为议事决策的总依据，要把党的十八届三中全会提出的各项改革举措落实到位，制定每年的工作要点；要牢牢把握改革正确方向，在涉及道路、理论、制度等根本性问题上，在大是大非面前，必须立场坚定、旗帜鲜明。其次是遵循民主集中制的办事规则和程序，要坚持集思广益、民主集中，凡是议定的事要分头落实，不折不扣抓出成效；要强化改革责任担当，看准了的事情，就要拿出政治勇气来，坚定不移干；要充分调动各方面积极性，善于通过提出和贯彻正确的改革措施带领人民前进，善于从人民的实践创造和发展要求中完善改革的政策主张。再次是遵循法律法规性，在整个改革过程中，都要高度重视运用法治思维和法治方式，加强对相关立法工作的协调。

从专项小组的工作规定来看，最主要的就是不失时机地推出各专项改革的报告和方案。这样的专项改革，既要抓住重点也要抓好面上，既要抓好当前也要抓好长远，统筹考虑战略、战役、战斗层面的问题，做好政策统筹、方案统筹、力量统筹、进度统筹工作。

从中央改革办的工作规定来看，主要是为领导小组和专项小组服务，形成联系机制，建好工作机制，保障专项小组既各司其职、各负其责又加强相互之间的协作配合，保障中央全面深化改革领导小组发挥攻坚克难打硬仗的总指挥部作用。三年多来，历经全面深化改革开局之年和关键之年，以习近平同志为总书记的党中央，通过召开中央政治局会议和中央全面深化改革领导小组会议，部署和实施全面深化改革系统工程，已召开了中央全面深化改革领导小组会议 27 次，有力地推进了全面深化改革的发展。

四、全面深化改革的领域和目标

党的十八届三中全会《决定》指出，全面深化改革涉及六大领域，要开展六大改革，即：紧紧围绕使市场在资源配置中起决定性作用深化经济体制改革；紧紧围绕坚持党的领导、人民当家作主、依法治国有机统一深化政治体制改革；紧紧围绕建设社会主义核心价值体系、社会主义文化强国深化文化体制改革；紧紧围绕更好保障和改善民生、促进社会公平正义深化社会体制改革；紧紧围绕建设美丽中国深化生态文明体制改革；紧紧围绕提高科学执政、民主执政、依法执政水平深化党的建设制度改革。全面深化改革的总目标是完善和发展中国特色社会主义制度，推进国家治理体系和治理能力现代化。必须更加注重改革的系统性、整体性、协同性，加快发展社会主义市场经济、民主政治、先进文化、和谐社会、生态文明，让一切劳动、知识、技术、管理、资本的活力竞相迸发，让一切创造社会财富的源泉充分涌流，让发展成果更多更公平惠及全体人民。六大领域的体制改革如下：

一是紧紧围绕使市场在资源配置中起决定性作用深化经济体制改革，坚持和完善基本经济制度，加快完善现代市场体系、宏观调控体系、开放型经济体系，加快转变经济发展方式，加快建设创新型国家，推动经济更有效率、更加公平、更可持续发展。经济体制改革是全面深化改革的重点，核心问题是处理好政府和市场的关系，使市场在资源配置中起决定性作用和更好发挥政府作用。市场决定资源配置是市场经济的一般规律，健全社会主义市场经济体制必须遵循这条规律，着力解决市场体系不完善、政府干预过多和监管不到位问题。必须积极稳妥从广度和深度上推进市场化改革，大幅度减少政府对资源的直接配置，推动资源配置依据市场规则、市场价格、市场竞争实现效益最大化和效率最优化。政府的职责和作用主要是保持宏观经济稳定，加强和优化公共服务，保障公平竞争，加强市场监管，维护市场秩序，推动可持续发展，促进共同富裕，弥补市场失灵。

深化经济体制改革的目标是：完善公有制为主体、多种所有制经济共同发展的基本经济制度，支持非公有制经济健康发展。完善产权保护制度，积极发展混合所有制经济，完善国有资产管理体制，推动国有企业完善现代企业制度。建设统一开放、竞争有序的市场体系，是使市场在资源配置中起决定性作用的基础。必须加快形成企业自主经营、公平竞争，消费者自由选择、自主消费，商品和要素自由流动、平等交换的现代市场体系，着力清除市场壁垒，提高资源配置效率和公平性。建立公平开放透明的市场规则，改革市场监管体系，实行统一的市场监管，完善主要由市场决定价格的机制，建立城乡统一的建设用地市场。要在经济新常态下推进供给侧结构性改革，去产能、去库存、去杠杆、降成本、补短板，实现稳增长、调结构、惠民生、防风险。完善金融市场体系，扩大金融业对内对外开放，在加强监管前提下，允许具备条件的民间资本依法发起设立中小型银行等金融机构。改进预算管理制度，实施全面规范、公开透明的预算制度。完善税收制度，建立事权和支出责任相适应的制度。

二是紧紧围绕坚持党的领导、人民当家作主、依法治国有机统一深化政治体制改革，加快推进社会主义民主政治制度化、规范化、程序化，建设社会主义法治国家，发展更加广泛、更加充分、更加健全的人民民主。要推动人民代表大会制度与时俱进，坚持人民主体地位，推进人民代表大会制度理论和实践创新，发挥人民代表大会制度的根本政治制度作用。完善中国特色社会主义法律体系，健全立法起草、论证、协调、审议机制，提高立法质量，防止地方保护和部门利益法制化。健全“一府两院”由人大产生、对人大负责、受人大监督制度。健全人大讨论、决定重大事项制度，各级政府重大决策出台前向本级人大报告。加强人大预算决算审查监督、国有资产监督职能。要推进协商民主广泛多层制度化发展，在全社会开展广泛协商，坚持协商于决策之前和决策实施之中。构建程序合理、环节完整的协商民主体系，拓宽国家政权机关、政协组织、党派团体、基层组织、社会组织的协商渠道。深入开展立法协商、行政协商、民主协商、参政协商、社会协商。加强中国特色新型智库建设，建立健全决策咨询制度。发展基层民主。畅通民主渠道，健全基层选举、议事、公开、述职、问责等机制。开展形式多样的基层民主协商，推进基层协商制度化，建立健全居民、村民监督机制，促进群众在城乡社区治理、基层公共事务和公益事业中依法自我管理、自我服务、自我教育、自我监督。健全以职工代表大会为基本形式的企事业单位民主管理制度，加强社会组织民主机制建设，保障职工参与管理和监督的民主权利。

在深化政治体制改革中还包含着：深化司法体制改革，要加快建设公正高效权威的社会主义司法制度，维护人民权益，让人民群众在每一个司法案件中都感受到公平正义；深化军队体制编制调整改革，要推进领导管理体制改革，优化军委总部领导机关职能配置和机构设置，完善各军兵种领导管理体制，健全军委联合作战指挥机构和战区联合作战指挥体制，完善新型作战力量领导体制，加强信息化建设集中统管，构建中国特色现代军事力量体系。

深化政治体制改革的目标是：发展社会主义民主政治，必须以保证人民当家作主为根本，坚持和完善人民代表大会制度、中国共产党领导的多党合作和政治协商制度、民族区域自治制度以及基层群众自治制度，更加注重健全民主制度、丰富民主形式，从各层次各领域扩大公民有序政治参与，充分发挥我国社会主义政治制度优越性。

三是紧紧围绕建设社会主义核心价值体系、社会主义文化强国深化文化体制改革，加快完善文化管理体制和文化生产经营机制，建立健全现代公共文化服务体系、现代文化市场体系，推动社会主义文化大发展大繁荣。要完善文化管理体制。按照政企分开、政事分开原则，推动政府部门由办文化向管文化转变，推动党政部门与其所属的文化企事业单位进一步理顺关系。建立党委和政府监管国有文化资产的管理机构，实行管人管事管资产管导向相统一。健全坚持正确舆论导向的体制机制，严格新闻工作者职业资格制度，重视新型媒介运用和管理，规范传播秩序，建立健全现代文化市场体系，完善文化市场准入和退出机制，鼓励非公有制文化企业发展，健全文化产品评价体系，改革评奖制度，推出更多文化精品，构建现代公共文化服务体系。建立公共文化服务体系建设协调机制，统筹服务设施网络建设，促进基本公共文化服务标准化、均等化。建立群众评价和反馈机制，推动文化惠民项目与群众文化需求有效对接。整合基层宣传文化、党员教育、科学普及、体育健身等设施，建设综合性文化服务中心。明确不同文化事业单位功能定位，建立法人治理结构，完善绩效考核机制。引入竞争机制，推动公共文化服务社会化发展。鼓励社会力量、社会资本参与公共文化服务体系建设，培育文化非营利组织。

深化文化体制改革的目标是：建设社会主义文化强国，增强国家文化软实力，坚持社会主义先进文化前进方向，坚持中国特色社会主义文化发展道路，培育和践行社会主义核心价值观，巩固马克思主义在意识形态领域的指导地位，巩固全党全国各族人民团结奋斗的共同思想基础。

四是紧紧围绕更好保障和改善民生、促进社会公平正义深化社会体制改革，改革收入分配制度，促进共同富裕，推进社会领域制度创新，推进基本公共服务均等化，加快形成科学有效的社会治理体制，确保社会既充满活力又和谐有序。要改进社会治理方式，坚持系统治理，加强党委领导，发挥政府主导作用，鼓励和支持社会各方面参与，实现政府治理和社会自我调节、居民自治良性互动。坚持依法治理，加强法治保障，运用法治思维和法治方式化解社会矛盾。坚持综合治理，强化道德约束，规范社会行为，调节利益关系，协调社会关系，解决社会问题。坚持源头治理，标本兼治、重在治本，以网格化管理、社会化服务为方向，健全基层综合服务管理平台，及时反映和协调人民群众各方面各层次利益诉求。激发社会组织活力。正确处理政府和社会关系，加快实施政社分开，推进社会组织明确权责、依法自治、发挥作用。适合由社会组织提供的公共服务和解决的事项，交由社会组织承担。支持和发展志愿服务组织。限期实现行业协会商会与行政机关真正脱钩，重点培育和优先发展行业协会商会类、科技类、公益慈善类、城乡社区服务类社会组织，成立时直接依法申请登记。加强对社会组织和在华境外非政府组织的管理，引导它们依法开展活动。创新有效预防和化解社会矛盾体制。健全重大决策社会稳定风险评估机制。建立畅通有序的诉求表达、心理干预、矛盾调处、权益保障机制，使群众问题能反映、矛盾能化解、权益有保障。改革行政复议体制，健全行政复议案件审理机制，纠正违法或不当行政行为。完善人民调解、行政调解、司法调解联动工作体系，建立调处化解矛盾纠纷综合机制。改革信访工作制度，把涉法涉诉信访纳入法治轨道解决，建立涉法涉诉信访依法终结制度。健全公共安全体系，完善统一权威的食品药品安全监管机构，建立最严格的覆盖全过程的监管制度。深化安全生产管理体制改革，建立隐患排查治理体系和安全预防控制体系。加强社会治安综合治理，创新立体化社会治安防控体系，依法严密防范和惩治各类违法犯罪活动。

深化社会体制改革的目标是：创新社会治理，维护最广大人民根本利益，最大限度增加和谐因素，增强社会发展活力，提高社会治理水平，全面推进平安中国建设，维护国家安全，确保人民安居乐业、社会安定有序。

五是紧紧围绕建设美丽中国深化生态文明体制改革，加快建立生态文明制度，健全国土空间开发、资源节约利用、生态环境保护的体制机制，推动形成人与自然和谐发展现代化建设新格局。要健全自然资源资产产权制度和用途管制制度，统一行使全民所有自然资源资产所有者职责。完善自然资源监管体制，统一行使所有国土空间用途管制职责。划定生态保护红线，坚定不移实施主体功能区制度，建立国土空间开发保护制度，严格按照主体功能区定位推动发展，建立国家公园体制。建立资源环境承载能力监测预警机制，对水土资源、环境容量和海洋资源超载区域实行限制性措施。对限制开发区域和生态脆弱的国家扶贫开发工作重点县取消地区生产总值考核。探索编制自然资源资产负债表，对领导干部实行自然资源资产离任审计。建立生态环境损害责任终身追究制。实行资源有偿使用制度和生态补偿制度。发展环保市场，推行节能量、碳排放权、排污权、水权交易制度，建立吸引社会资本投入生态环境保护的市场化机制，推行环境污染第三方治理。改革生态环境保护管理体制。建立和完善严格监管所有污染物排放的环境保护管理制度，独立进行环境监管和行政执法。建立陆海统筹的生态系统保护修复和污染防治区域联动机制。健全国有林区经营管理体制，完善集体林权制度改革。及时公布环境信息，健全举报制度，加强社会监督。完善污染物排放许可制，实行企事业单位污染物排放总量控制制度。对造成生态环境损害的责任者严格实行赔偿制度，依法追究刑事责任。

深化生态文明体制改革的目标是：建立系统完整的生态文明制度体系，实行最严格的源头保护制度、损害赔偿制度、责任追究制度，完善环境治理和生态修复制度，用制度保护生态环境。建设美丽中国，实现绿色发展、循环发展、低碳发展。

六是紧紧围绕提高科学执政、民主执政、依法执政水平深化党的建设制度改革，加强民主集中制建设，完善党的领导体制和执政方式，保持党的先进性和纯洁性，为改革开放和社会主义现代化建设提供坚强政治保证。要完善科学民主决策机制，以重大问题为导向，把各项改革举措落到实处。加强各级领导班子建设，完善干部教育培训和实践锻炼制度，不断提高领导班子和领导干部推动改革能力。创新基层党建工作，健全党的基层组织体系，充分发挥基层党组织的战斗堡垒作用，引导广大党员积极投身改革事业。

深化党的建设制度改革的目标是：加强和改善党的领导，充分发挥党总揽全局、协调各方的领导核心作用，建设学习型、服务型、创新型的马克思主义执政党，提高党的领导水平和执政能力，提高党的拒腐防变和抵御风险的能力。